HOW TO

팬베이스
팬을 얻는 실천법

글 **사토 나오유키, 쓰다 마사야스**
그림 **오구라 나오미**
옮김 **복창교**

경영아카이브

일러두기

• 1:10 비율로 엔화를 원화로 치환하여 표기했습니다.

즐거운 팬베이스의 세계로, 어서 오십시오

주식회사 팬베이스컴퍼니 대표이사장 쓰다 마사야스

먼저 이 책을 선택해주신 독자 여러분 모두 감사드립니다. 이 책은, 공저자이자 주식회사 팬베이스컴퍼니의 창업자인 사토 나오유키가 제창해온 '팬베이스'에 대해, 만화로 알기 쉽게 풀어냈습니다.

팬베이스란 **'팬을 중시하고, 팬을 기반으로 하여, 중장기 매출이나 사업 가치를 올린다는 개념'**입니다. 사토 씨의 기본 해설과 함께, 시행착오를 겪으면서 팬베이스에 몰두하고 있는 '사람들'의 경험담을 이 책에서 소개하고자 합니다.

제가 '사람들'을 소개하기로 한 데에는 명확한 이유가 있습니다. 팬베이스를 실천하기에 있어서, 가장 중요한 것은 **예산도, 조직도 아닌 '그 안의 사람들'**이기 때문입니다.

그간 팬베이스의 실천 사례에 대해 알고 싶다는 질문을 많이 받았습니다. 하지만 유감스럽게도 간단히 딱 잘라 말할 수 있는 것이 아닙니다. 그 안의 사람들이 어떤 생각과 안목으로 미래를 그리고 있으며, 어떤 노력과 수고를 하고 있고, 어떤 방식으로 팬과 만나, 인연을 만들어 성과와 감동을 만들어냈는지에 따라 다릅니다. 즉, 그 사람만 만들 수 있는 **유일무이한 '이야기'**라는 말이죠.

혹시 지금 일로 고민을 하고 있습니까? 명확하지 않은 미래 때문에, 새로운 일을 시작할 용기가 없나요? 그럼 분명 이 이야기들은 많은 깨달음을 줄 것입니다.

이 책에서 다루는 10가지 이야기를 통해, 팬과 진지하게 마주하는 법, 커뮤니티사이트와 팬미팅 운영 방법, 팬과 함께 가치를 창조하는 모습이나 '스루 더 커뮤니티*', 팬을 어떻게 정의하는가 등, 팬베이스를 실천하고 있는 사람들로부터 얻을 수 있는 많은 팬베이스 지식을 만나보길 바랍니다.

고객의 감정과 마주하기

'팬'이란 무엇일까요?

우리는 '기업이나 브랜드 등이 중요하게 여기는 가치를 지지하는 사람'이라고 정의합니다. 상품을 많이 구매하는 사람이 반드시 '팬'이라고 할 수 없습니다. 상품이나 브랜드의 세부사항까지 자세히 알고 있을 만큼 열성적이지 않더라도, 가격이 저렴하다거나 기능이 뛰어나다는 이유로 상품을 구매하는 사람은 많으니까요. 이 사람들은 경쟁사에서 다른 더 좋은 상품

---

* 다른 상품 및 서비스 팬과의 교류.

이 출시되면 그쪽으로 옮겨 갈 것입니다. 지속 가능한 사업을 위해서는 여러분의 회사가 중요하게 생각하는 가치를 고객에게 확실히 전달하고, 상품이나 브랜드를 애정하도록 만들 필요가 있습니다.

사람의 감정이라는 것은 정말 깊고 커다란 주제입니다. 단순히 좋은 물건을 만들기만 하면 팔렸던 20세기와는 다르게, 21세기는 정보와 상품이 넘쳐나고, 사회적으로 많은 문제를 안고 있는 어려운 시대입니다. 이때 기업이 고객의 감정과 마주하고, 자사의 상품과 브랜드를 좋아하게 만드는 일은, 오늘날 가장 큰 숙제라고 생각합니다.

좋아하는 것들에 둘러싸여 살아가는 것만큼 행복한 일은 없을 것입니다. **이 세상에 좋아하는 것이 늘어날수록, 살아가는 데 웃는 일도 많아질 것이고, 행복한 사회로 한걸음 더 다가갈 것입니다.** 팬베이스라는 개념을 통해, 기업, 팬, 사회 모두가 행복해지는 선순환이 이뤄지기를 우리는 강력히 바라고 있습니다.

자신의 생각을 이야기하는 일부터 시작하라

감정과 마주하기 위해서 우리는 무엇부터 시작해야 할까요?

저는 먼저 여러분의 생각이나 감정을 이야기하는 일부터 시작해야 한다고 생각합니다. '타인과 친해지는 과정'을 한번 상상해보십시오. 본인에 관해서는 아무것도 이야기하지 않고, 상대방에게 질문공세만 해서는 마음속 깊은 이야기가 오가기 어렵습니다. 당신이 어떤 사람인지, 무엇을 중요하게 여기는 사람이고, 상대방에게 무엇을 해주고 싶고, 무엇을 함께 하고 싶은지 등 이야기하지 않는 한, 타인과 가까워지는 데 분명 한계가 있습니다. **자기 생각을 정리해서, 말하는 것부터가 교제의 시작입니다.**

제 경험을 말씀드리겠습니다. 2015년, 이른 봄이었습니다. 전 직장인 네슬레 재팬에서 근무하면서, 이재민 가설주택에 방문한 적이 있습니다. 담당하고 있던 '네스카페 앰버서더'라는 서비스가 점차 순조롭게 진행되며, 전국 직장에 서비스할 수 있는 단계까지 이르렀습니다. 하지만 동일본대지진 피해지에서는 그러지 못했습니다. 지진이 나고 4년이 지난 시점이었음에도, 많은 주민들은 여전히 가설주택에서 생활하고 있었습니다. 웃음과 활기를 찾아주고 싶다는 생각으로, 가설주택의 주민분들과 교류도 하고, 커피머신도 기증할 겸 방문하게 된 것입니다. 돌아갈 수 없는 그리운 고향에 대한 추억을 이야기하다 보니, 나도 모르게 가슴이 벅차올랐습니다.

저 역시 1995년에 한신·아와지대지진*을 겪었습니다. 물론 동일본대지진만큼 피해를 입진 않았지만, 제 인생을 크게 바꾼 사건 중 하나입니다. 후쿠시마 주민과의 교류회가 끝나고, 행사 마지막으로 커피머신 기증식이 있었습니다. 서비스 담당자인 제가 마지막 인사를 하게 되었는데, 너무 감격스러운 나머지, 애써 외워 온 인사말을 차마 하지 못했습니다. 결국 억지로 생각해내기를 그만두고, 무작정 제가 겪었던 대지진과 고향 고베 이야기를 했습니다. 대지진이 있고 나서 20년이 지나서야 겨우 도시가 활기를 되찾았다는 이야기를 시작으로, 고베에서 열심히 사는 사람들의 이야기를

* 고베대지진.

했습니다. 전국의 많은 사람들에게 힘이 되기 위해 매일 효고현 공장에서 열심히 커피를 만들고 있으니, 부디 많이 마셔달라는 말도 빼놓지 않았죠.

두서없는 이야기들이었지만, 제 말을 듣고 함께 울어주신 주민분도 있었습니다. 조리 있게 말하진 못했어도, 마음이 통했다는 생각이 들었습니다. 저는 아직도 이때 있었던 일을 마음속에 간직하고 있습니다. 사람과 '감정'으로 이어지려면, 먼저 내 생각을 나의 언어로 말해야 한다는 걸 깨달았습니다. 회사나 상품이 있기 전에 '사람'이 있다는 이야기죠.

우리는 특히 자신의 의견이나 생각을 말하는 데 소극적이라는 소리를 곧잘 듣습니다. 문화적 특성인지, 겸손해서인지, 미덕이라고 생각하는 것인지. 그래도 상품이나 서비스의 이면에는 많은 사람들의 여러 가지 생각이 있는 법이죠. 어디에서나 흔하게 들을 수 있는 만들어진 말이 아니라, 나 자신만이 할 수 있는 것을 열렬히 이야기해주길 바랍니다. 그것이 사람을 끌어당기는 법이라 생각합니다. 그렇다고 일방적으로 자신의 생각을 말하기만 해서도 안 될 일이죠. 마음을 터놓고 대화하는 것부터 시작하세요. 그러면 여러분의 생각에 공감하는 사람이 생길 것이고, 지지해주는 동료가 될 것입니다.

팬은 만드는 것이 아니라, 만나는 것이다

여러분의 생각이나 중요하게 여기는 가치를 지지해주는 사람, 즉 '팬'이라는 사람들은 어떻게 만날 수 있을까요?

회사가 확고하게 자신들의 생각을 전달하고 있다면, 기존 고객 중에서도 분명 팬이 되어줄 사람은 있습니다. 직접 대화나 소통을 통해서 좀 더 깊이 전달할 수 있다면 그 가능성은 커지겠죠. 고객의 입장에서도 분명 기분 좋은 '발견'일 것입니다(별생각 없이 구매한 상품에 내가 지지하는 가치관이 담겨 있다니!).

오늘날 '팬'이라는 단어는 각종 비즈니스나 마케팅에서도 빈번하게 사용되고 있습니다. 그 자체는 긍정적인 일이지만, '팬을 만들다' '팬을 공략하다'와 같은 말을 들으면 굉장히 유감스럽습니다. 팬은 감정을 가진 사람입니다. 누가 만들어지고 싶어 하고, 공략당하고 싶어 하겠습니다. 전 세계적 팬데믹으로 고객의 가치관도 상품이나 회사의 관점도 변하고 있습니다.

'우리 생활이나 미래에 정말로 필요한 상품이고, 회사인가?'

이처럼 좀 더 본질적인 부분에 주목하고 있습니다. 팬을 공략해서, 주위에 확산시킨 다음 매출을 올리려는 얕은 생각은, 더 이상 고객에게 통하지 않을 것입니다. 단락적인 얄팍한 잔재주로는, 오히려 요즘 시대에선 마이너스가 된다는 것을 인식해야 합니다.

어렵게 생각할 것 없습니다. 본인과 동료를 중요하게 생각하고, 신뢰를 쌓으며, 차분하게 가치관을 전달해가면 되는 것입니다. **그럼 분명 지지해주는 팬과 만날 수 있을 것입니다.** 물론 시간이 오래 걸립니다. 그리고 그것만으로 비즈니스는 성립하지 않을 수도 있습니다. 수익이 나지 않을 수도 있다는 말입니다. 제1장에서도 자세히 다루겠지만, 지금까지 해온 고객 접근 방식과 동시에 진행할 필요가 있습니다.

기업과 고객의 관계를 넘어 '동료'로

지금 여러분의 일하는 방식이나 가치관도 크게 변하고 있을 거라 생각합니다. 항상 새로운 방식으로 해야 한다는 생각에 초조할지도 모르죠. 혼자 안달한다고 해도 아무것도 이뤄지지 않습니다. 여러분의 생각이나 이상을 공유하고, 착실히 함께해줄 '동료'가 필요합니다.

'일하다'라는 말에는 여러 뜻이 있겠지만, 저는 '다른 사람과 함께 움직이는 것'이라 생각합니다. '동료'는 가족이나 직장동료뿐만이 아닙니다. 협력사나 어쩌면 여태껏 라이벌이라고 생각한 경쟁사의 사람들도 동료가 될 수 있는 시대입니다. 당연한 말이지만 여러분의 생각에 공감해줄 팬이나 고객은 '최강의 동료'가 되어줄 것입니다. 자신의 생각이나 감정을 솔직히 꺼내놓고 팬과 마주한다면, 지금까지 알지 못했던 동료와도 만날 수 있으며, 미래를 향해 좀 더 커다란 한 걸음을 내디딜 수 있을 것입니다.

그리고 그것은 지금까지 없었던 **'즐거움'**이나 **'감동'**을 줄 것입니다. 이 책에서 소개하는 '팬베이스를 실천하는 사람들'은 모두 그 '즐거움'과 '감동'을 체험하고 있습니다. 물론 그 이면에는 많은 노력과 수고, 그리고 인생고락을 함께 한 동료가 있겠죠. 아무리 힘들고 어려운 상황에 직면하더라도, 동료와의 유대관계에서 오는 만족감은 이겨낼 수 있는 힘이 되어줄 것입니다. 그것이 '팬베이스'의 목적이기도 합니다. 이 책에는 극히 일부 사람들의 이야기를 실었지만, 그들을 통해서 팬베이스의 힘을 실감할 수 있었으면 좋겠습니다.

그럼, 즐거운 팬베이스 세계에 오신 것을 환영합니다.

차 례   Contents

제1장

만화로 쉽고 확실히 배우는 기본 지식!

팬베이스
집중 강의

독자 여러분 안녕하세요.
팬베이스 디렉터,
사토 나오유키입니다.

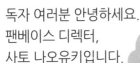

1년 반째 아침에 조깅하고 있죠!!

팬을 중요하게 여기고,
팬과 함께 기업이 성장해가는
'팬베이스'에 대해
이야기해보려 합니다.

팬베이스가 앞으로 점점 중요해지는 이유

앞으로 우리는 인구감소,
초고령화 등으로 다양한
의미에서 혹독한 시대를
맞이할 것입니다.

이런 앞이 보이지 않는
시대에는 당장 눈앞에 있는
'팬'을 바탕으로 생각해야 하며,
지금부터 본격적으로
다뤄져야 할 개념이
바로 '팬베이스'입니다.

여기서
주의해야 할 것은
'팬 마케팅' 같은
단어들과 혼동
해서는 안 된다는
사실이죠.

팬 이용해서 돈 좀 벌어보자

아닙니다!!

NO!

팬을 마케팅하면 OK!

감정이 있는 인간인 '팬'의 입장이 되어
성실하고 정성스럽게 커뮤니케이션이나
이벤트, 경영을 생각하는 것이
매우 중요합니다.

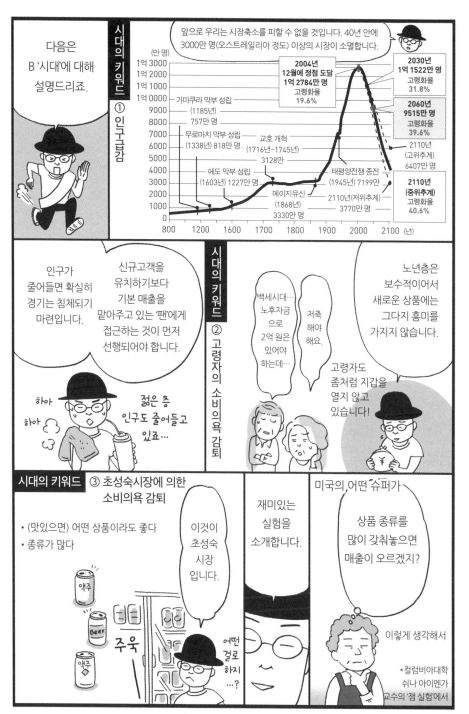

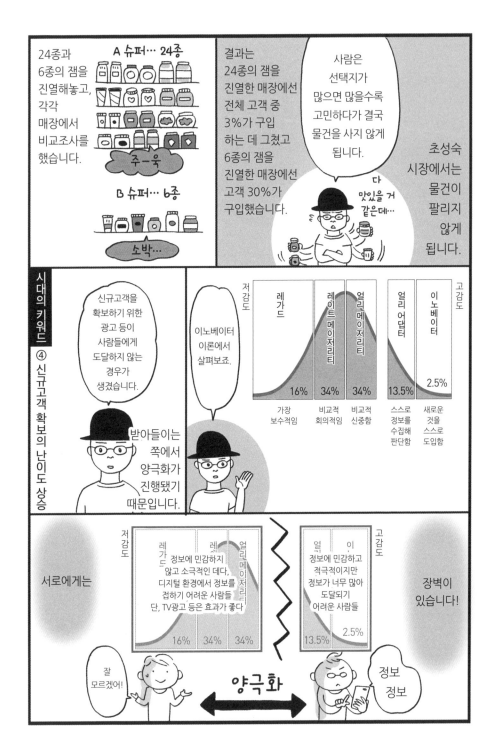

행정구역별 인구당 검색 수

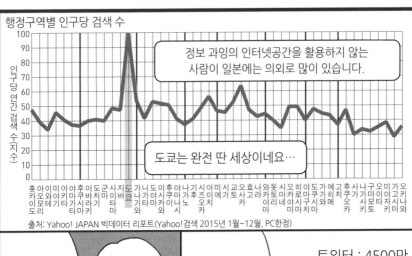

정보 과잉의 인터넷공간을 활용하지 않는
사람이 일본에는 의외로 많이 있습니다.

도쿄는 완전 딴 세상이네요…

의외로 모든 사람이 검색하는 건도 아니군요.

출처: Yahoo! JAPAN 빅데이터 리포트(Yahoo!검색 2015년 1월~12월, PC한정)

소셜
미디어는
모두 하고
있겠죠?

그렇게
생각하기
쉽지만

여기 월간
액티브유저
(월 1회 이상
이용하는 사람)을
보면

트위터 : 4500만 명
(2017년 10월)

페이스북 : 2800만 명
(2017년 9월)

인스타그램 : 3300만 명
(2019년 3월)

꽤 많은 거
아닌가요?

*각 회사
공표 숫자

실은 약 20%의
헤비유저가
총 이용시간의 약 80%를
차지하고 있어요.

딱
'파레토의 법칙'
대로죠

많은 서비스에서 2:8 법칙이 적용된다.

서비스	헤비유저 수 비율	헤비유저 이용시간 비율
스마트폰 이용자 전체	20%	50%
SNS	22%	82%
LINE	19%	60%
유료 동영상	19%	85%
무료 동영상	22%	88%
블로그	18%	85%
신문사 계열 뉴스	19%	73%
뉴스 큐레이션	18%	79%
잡지 큐레이션	16%	76%
전자상거래 사이트	19%	72%
옥션 · 프리마켓	21%	90%

출처: Nielsen Mobile NetView 2016년 5월, 스마트폰: 브라우저 및
어플리케이션 이용(LINE, SNS, 동영상은 어플리케이션 한정)

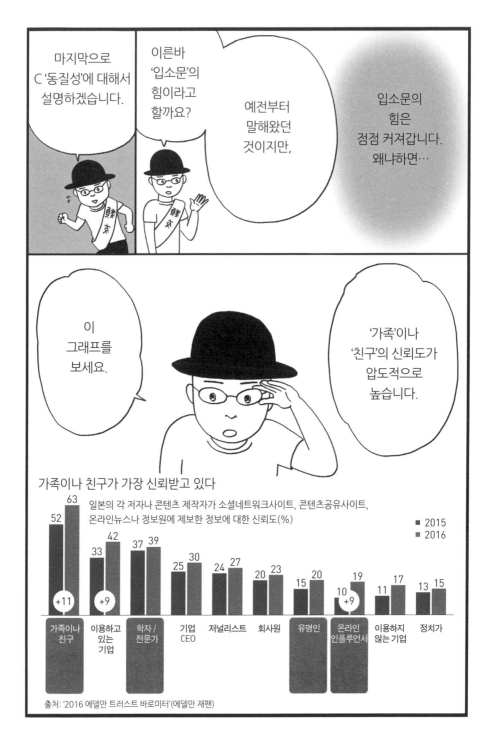

가족이나 친구가 가장 신뢰받고 있다

일본의 각 저자나 콘텐츠 제작자가 소셜네트워크사이트, 콘텐츠공유사이트, 온라인뉴스나 정보원에 제보한 정보에 대한 신뢰도(%)

■ 2015
■ 2016

출처: '2016 에델만 트러스트 바로미터'(에델만 재팬)

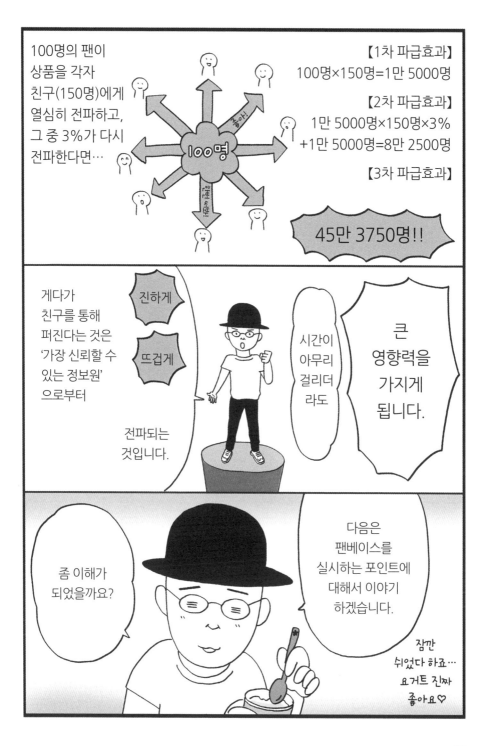

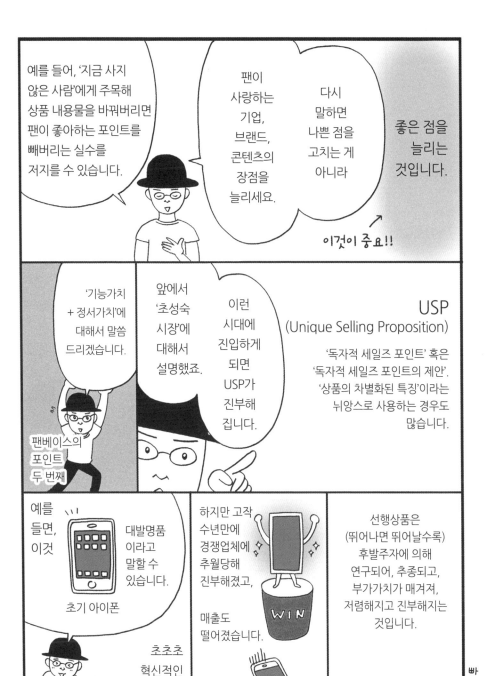

예를 들어, '지금 사지 않은 사람'에게 주목해 상품 내용물을 바꿔버리면 팬이 좋아하는 포인트를 빼버리는 실수를 저지를 수 있습니다.

팬이 사랑하는 기업, 브랜드, 콘텐츠의 장점을 늘리세요.

다시 말하면 나쁜 점을 고치는 게 아니라

좋은 점을 늘리는 것입니다.

이것이 중요!!

'기능가치 + 정서가치'에 대해서 말씀 드리겠습니다.

팬베이스의 포인트 두 번째

앞에서 '초성숙 시장'에 대해서 설명했죠.

이런 시대에 진입하게 되면 USP가 진부해 집니다.

USP
(Unique Selling Proposition)

'독자적 세일즈 포인트' 혹은 '독자적 세일즈 포인트의 제안'. '상품의 차별화된 특징'이라는 뉘앙스로 사용하는 경우도 많습니다.

예를 들면, 이것

대발명품 이라고 말할 수 있습니다.

초기 아이폰

저도 완전 팬이에요♥

초초초 혁신적인 상품이었 습니다.

하지만 고작 수년만에 경쟁업체에 추월당해 진부해졌고,

매출도 떨어졌습니다.

WIN

선행상품은 (뛰어나면 뛰어날수록) 후발주자에 의해 연구되어, 추종되고, 부가가치가 매겨져, 저렴해지고 진부해지는 것입니다.

부들부들

분하다…

29

30분 만에 피자가 와서가 아니라 이 피자 회사가 좋아서 시키는 거야.

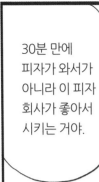

맛있는 건 말할 것도 없고, 기업의 마인드가 좋아!

pizza

배달해주는 사람도 좋고!

이것이

30분 안에 도착! **기능가치**

+

이 브랜드가 좋아! **정서가치**

왜냐하면 기능가치는 따라 할 수 있어도 정서가치는 따라 할 수 없기 때문입니다.

정서가치란 '감정'을 말합니다.

팬의 지지를 굳건히 하는 세 가지 접근법은

공감

애착

신뢰

라는 감정입니다!

강한 공감
A. 팬의 말을 경청하고, 집중한다.
B. 팬이라는 것에 자신을 갖게 하다.
C. 팬을 만족시킨다. 신규고객보다 우선한다.

강한 애착
D. 상품에 스토리나 드라마를 입힌다.
E. 팬과의 접점을 중요하게 여기고, 개선한다.
F. 팬이 참가할 수 있는 장을 늘리고, 활기를 더한다.

굳건한 신뢰
G. 지금 하는 일이 성실한 방법인지 스스로에게 물어본다.
H. 본업을 세세한 부분까지 보여주며, 자세하게 소개한다.
I. 직원과의 신뢰를 중요하게 여기며, 그들이 '최강의 팬'이 되게 한다.

위의 표는 언뜻 특별한 기술이 적혀 있는 듯 보이지만

'감정'은 모든 사람이 다르기 때문에 팬을 꼼꼼하게 보지 않으면 방법을 알 수 없습니다.

여러분의 소중한 사람(연인이나 부부)을 기쁘게 만들고 싶을 때 상대가 기뻐하는 포인트를 알 필요가 있잖아요.

기술이 아니라 '상대를 꼼꼼히 보고' '감정을 자극하는 것' 이 중요합니다.

팬의 지지를 굳건히 하는
세 가지 업그레이드.

공감 → 열광
애착 → 유일
신뢰 → 응원

열광하게 하는 존재가 되다
J. 가장 중요한 가치를 좀 더 전면에 내세운다.
K. '가족'처럼 대하고, 동시에 가치를 높여간다.

유일한 존재가 되다
L. 잊을 수 없는 체험이나 감동을 만든다.
M. 코어팬과 함께 만든다.

응원받는 존재가 되다
N. 인간미와 꾸밈없는 모습을 보여준다.
Q. 사회 공익을 위해 애쓰고, 팬에게 도움을 준다.

팬을 코어팬으로 변화시키고, 한층 더 LTV를 상승시킵니다.

이것도 꼼꼼하게 충분히 상대를 보는 것이 중요합니다.

기능가치 + 정서가치

사실 여기에 더하고 싶은 중요한 개념이 있습니다.

기능가치 + 정서가치

미래가치※

이것이 정말 중요한 시대가 될 것이라 생각합니다.

기업이나 브랜드의 미래가치란?

플라스틱을 사용 안 한다고!? 이런 마인드가 정말 좋아!!

미래를 변혁시키는… 우리의 희망이 되어주는… 그런 회사를 우리는 좋아합니다.

※상품 · 서비스 · 브랜드를 통해 본, 사회 · 미래에 대한 긍정적인 이미지.

세 번째 '지지기반을 굳히기'에 대해 설명하죠.

이것이 지지기반입니다.

20%의 팬이 매출의 80%를 떠받치고 있습니다.

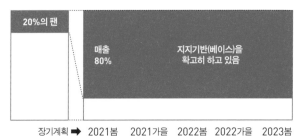

**팬의 만족도를 올리고, LTV를 높인다.
팬이 주변에 전파하면, 팬의 수가 조금씩 늘어난다.**

이렇게 '기반'을 만들어두면 아무리 불황이 지속되어도 매출은 안정적으로 나올 것입니다.

팬의 LTV가 오르면,
신규 팬도 늘어납니다.

**기반과 연동해 이벤트를 실시하면
동반 상승효과를 볼 수 있다.**

기반이 만들어진 다음, 이벤트를 실시하면 신규고객뿐 아니라, 팬도 만족할 수 있습니다.

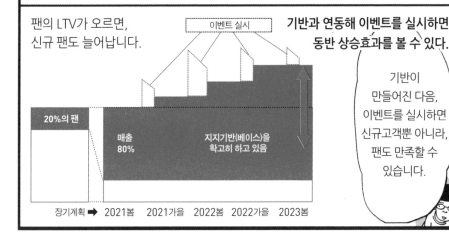

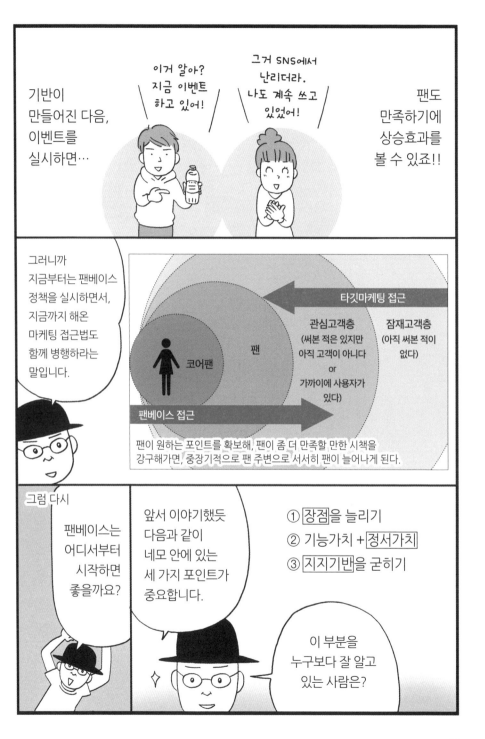

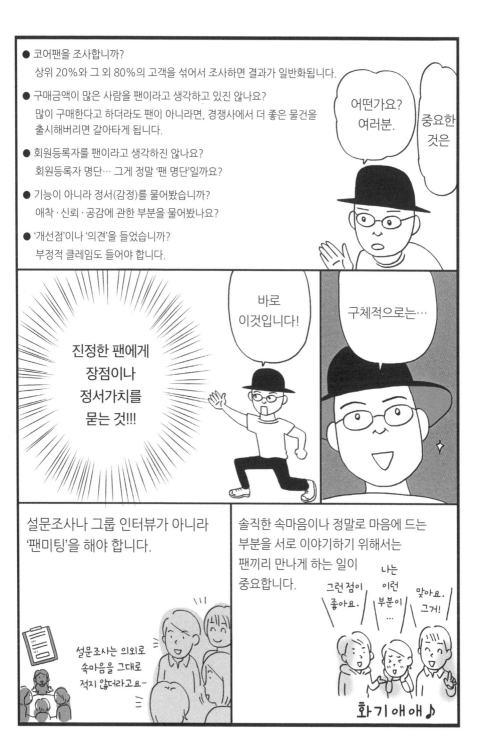

● 코어팬을 조사합니까?
　상위 20%와 그 외 80%의 고객을 섞어서 조사하면 결과가 일반화됩니다.

● 구매금액이 많은 사람을 팬이라고 생각하고 있진 않나요?
　많이 구매한다고 하더라도 팬이 아니라면, 경쟁사에서 더 좋은 물건을
　출시해버리면 갈아타게 됩니다.

● 회원등록자를 팬이라고 생각하진 않나요?
　회원등록자 명단… 그게 정말 '팬 명단'일까요?

● 기능이 아니라 정서(감정)를 물어봤습니까?
　애착·신뢰·공감에 관한 부분을 물어봤나요?

● '개선점'이나 '의견'을 들었습니까?
　부정적 클레임도 들어야 합니다.

어떤가요?
여러분.

중요한
것은

바로
이것입니다!

진정한 팬에게
장점이나
정서가치를
묻는 것!!!

구체적으로는…

설문조사나 그룹 인터뷰가 아니라
'팬미팅'을 해야 합니다.

설문조사는 의외로
속마음을 그대로
적지 않더라고요—

솔직한 속마음이나 정말로 마음에 드는
부분을 서로 이야기하기 위해서는
팬끼리 만나게 하는 일이
중요합니다.

그런 점이
좋아요.

나는
이런
부분이
…

맞아요.
그거!

화기애애♪

그렇게 팬에 대해 알고, 정서가치나 지지 포인트를 알아내, 그 '장점'을 늘려가자고요!

슈-웅

'팬베이스'란… 팬을 중요하게 여기고 팬을 기반으로 하여 중장기적으로 매출이나 가치를 높인다는 개념입니다.

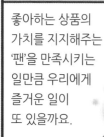

좋아하는 상품의 가치를 지지해주는 '팬'을 만족시키는 일만큼 우리에게 즐거운 일이 또 있을까요.

fanbase

팬을 중요하게 여기는, 즐거운 팬베이스의 세계로 어서 오세요!!

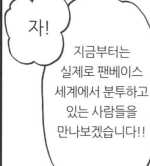

자!

지금부터는 실제로 팬베이스 세계에서 분투하고 있는 사람들을 만나보겠습니다!!

어서 오세요!

잘 부탁드립니다.

저 쓰다도 돕겠습니다.

40

제2장

롱셀러 브랜드가 실천하는 팬베이스

등장하는 기업·서비스

- 요미우리자이언츠
- 가고메
- 레터스클럽

이 장을 읽으면 알 수 있는 것

- 기존 팬과 어떻게 다시 만나면 좋은가?
- 고정관념에 사로잡혀 있는 사내의 의식을 어떻게 바꿀 것인가?
- 어떻게 팬과 공동가치를 만들어 나갈 것인가?

롱셀러 브랜드가 실천하는 팬베이스

1

요미우리자이언츠 편

두말할 필요 없는 프로야구팀의 대명사

도바 와타루

하라다 하야토

요미우리신문 도쿄본사

그렇게 함으로써 부서 자체가 점점 신뢰를 얻어갈 수 있다고 생각합니다.

'약간 곤란한 일'을 처리해주는 구조대 같은 부서!!

믿음직 하죠….

이처럼 언뜻 팬베이스와는 관계없어 보이는 일도—

지금 와서 생각해보면 팬베이스를 실천하기 위한 기반을 만드는 시간이었지 않나 생각해요.

암요 암요

또, 팬베이스를 실천하기 위해서 알아둬야 할 것도 몇 가지 있습니다.

그 사람의 일에 맞는 팬베이스를 이야기하며, '자기업무화'하는 것입니다.

구체적 으로는

직원들은 '팬이 중요하다'는 사실을 알고 있지만, 자신이 담당하는 서비스에서 접하는 고객만 생각하기 쉽습니다.

굿즈담당

팬클럽담당

구매자   회원

사실은 동일한 팬일 가능성도 있음!

48

팬미팅 개최!!

팬을 알고자 하면 팬미팅이죠!

쉽지는 않았지만 정말 팬미팅하길 잘했다고 실감했습니다.

그럼요 그럼요

자이언츠의 코어팬 14명을 초대, 직원 안내에 따라 돔 투어.

※팬 이벤트가 아니라 팬의 의견을 경청하는 미팅이기에 소수라도 OK.

팬끼리 자이언츠가 좋은 이유를 서로 이야기하는 팬미팅.

재미있었 습니다ー.

스포츠팀은 팬과의 접점이 많을 거라고 생각하기 쉽지만 팬심이 가득한 팬과 진지하게 이야기할 기회는 그렇게 많지 않아요….

그리고 실제로 팬분들과 만나보고 생생한 이야기를 들으니 참 신선했습니다.

그럼, 여기서 잠깐 기다려 주시겠습니까?

도바 와타루
하라다 하야토
(요미우리자이언츠)
×
쓰다 마사야스

아무튼 '자이언츠가 좋아!'

"열정 가득한 코어팬을 만나, 훨씬 더 발전적으로
생각할 수 있게 됐습니다."

쓰다 마사야스(이하 쓰다)

요미우리자이언츠는 말할 필요 없는 야구계를 대표하는 프로야
구팀입니다. 그 역사는 1934년에까지 거슬러 올라가죠. 그런 전
통 있는 구단이 어떤 경위로 팬베이스에 몰두하게 된 것인가요?

하라다 하야토(이하 하라다)

저는 대학시절부터 스포츠비즈니스 업계에 종사하고 싶었고,
다른 업계를 거쳐서, 2011년 4월, 요미우리자이언츠에 입사했습
니다. 하지만 입사하고 나니, 몇 가지 문제점이 보이기 시작했
습니다. 우선은 '조직이라는 벽'이었습니다. 팬과 관련된 부서에
배속되긴 했는데, 굿즈개발담당, 야구교실 개최담당 등 업무가
세분화되어 있어서, 전체적인 업무 파악이 힘들었습니다.

게다가 매출이 시합의 승패에 좌우되기 쉬웠고, 스포츠팀 나름

의 문제도 있었습니다. 연패로 팀 분위기가 좋지 않을 때도, 어떻게든 팬이 경기장을 방문하도록 만들어, 소비하게 해야 했으며, 어떻게 하면 팬들의 지지를 이어나갈 수 있을까 고민해야 했습니다. 그러다가 사토 씨의 책을 통해 팬베이스라는 개념을 알게 됐고, 2014년에는 '사토나오오픈랩(사토 나오유키가 주최하는 사회인 연구회)'의 2기생으로 참가하게 됐습니다.

그러고 나니, 우리는 구단 측의 생각을 일방적으로 알리기보다, 팬의 생각을 이해하고, 그 중요성을 사내에 이해시켜야 한다는 생각이 강하게 들었습니다. 하지만 혼자서는 팬베이스의 개념을 사내에 알리기가 굉장히 어려웠습니다. 그렇게 몇 년이 흘러, 지금 제 상사인 도바 씨가 입사한 것입니다.

도바 와타루(이하 도바)

저는 2019년 3월, 요미우리자이언츠에 마케팅부가 막 신설됐을 때 입사했습니다. 전 직장은 대기업 통신교육회사 웹마케팅담당이었습니다. 여기서는 학습의욕이 고취되는 새해에 맞춰, 텔레비전 광고를 대량 방송하는 등, 판촉을 하는 시점이 어느 정도 정해져 있었습니다. 다만, 이 시기에 실패해버리면, 그 해의 판매계획이 전부 엉망이 되어버립니다. 마케터로서 스스로 달리 할 수 있는 일이 없다고 할까요? 그렇게 생각하고 있을 때, 서점에서 우연히 《팬베이스》라는 책을 접하게 되었습니다.

하지만 전 직장에서는 팬베이스를 실천할 수 없었습니다. 자격

증 관련 강의는 합격하는 것이 목적이기에, 수강자와의 관계성을 쌓기 어려운 구조입니다. 또 자격증 공부를 하고 있는 것을 주위에 적극적으로 이야기하고 싶어 하지 않는 사람도 많기 때문에, 팬베이스를 실천하기는 어려워 보였습니다.

그러던 중, 요미우리자이언츠에서 마케팅 인재를 모집하고 있다는 걸 듣고, 여기라면 분명 팬베이스를 실천할 수 있을 거라고 생각해 채용시험을 본 것입니다.

하라다 저는 '드디어 팬베이스를 이해하는 사람이 왔구나!' 하고 생각했습니다(웃음). 사내 관계자에게 팬베이스 관련 서적이나 기사를 추천하며 착실히 전도활동을 하고 있었는데, 내용을 깊이 이해하고 논의할 수 있는 환경을 갖추기까지는 도달하지 못했습니다. 그래도 팬베이스가 받아들여질 수 있는 환경을 5~6년에 걸쳐 우직하게 만들어왔는데, 도바 씨가 와서, 드디어 구체적으로 정책 실행에 착수할 수 있었습니다.

ID를 사용한 분석과 필드워크

쓰다 주로 어떤 정책을 시행했나요?

하라다 우선은 약 40만 명의 등록자가 있는 고객 데이터베이스

'GIANTS ID'를 조사하고 분석하는 일입니다. 이 ID는 메일주소가 있으면 누구나 등록할 수 있는 무료 서비스로 ID를 사용해 티켓, 굿즈 구입이나 메일매거진을 등록할 수 있습니다. 2018년에 전면 리뉴얼하는 동안, 다양한 서비스를 이 ID로 로그인해서 이용 가능하도록 시스템을 바꾸었습니다.

전자상거래사이트에서 굿즈를 구매할 때나 어린이 야구교실 '자이언츠 아카데미'도 GIANTS ID와 연동했기에, 고객이나 팬 한 사람 한 사람과 어떤 정책으로 접점이 있는지 행동분석을 할 수 있습니다. 고객 이용 동향을 자세히 알기 위해, 2019년 4월부터 ID 등록자 대상 설문조사나 전자상거래사이트 구매자 대상 설문조사, 전자상거래사이트 유저를 초대해 서비스 이용 방법을 지켜보는 행동조사 등을 실시했습니다.

쓰다   ID를 분석해서 어떤 사실을 알 수 있었습니까?

하라다   먼저 고객 충성도의 수치와 구매금액의 상관관계를 파악할 수 있었습니다. 즉, 고객 충성도 지표가 높은 사람일수록, 좀 더 많은 돈을 쓰고 있었습니다. 그래서 시합 후에 방문객의 체험 가치를 조사하고, 고객 충성도를 높이는 것과 상관있는 체험은 무엇인지, 그 요인을 찾아서 개선하는 것이 수익증가로 이어지지 않을까 생각했습니다. 단지, 이 조사결과는 이미 끝난 시합의 체험가치라서, 앞으로도 계속하고 싶어 하는지까지는 알 수 없습니다. 그 부분은 아직 풀어야 할 숙제로 남았습니다.

또, 데이터 분석을 겸해서 마케팅부원 전원이 도쿄돔이나 지방 주최시합, 타 구장 등에 직접 나갔습니다. 실제 팬의 행동을, 팬의 시선에서 체험하기 위해서입니다. 이러한 필드워크는 2019년 2월부터 9월 말일까지 계속됐습니다.

쓰다   구장에서 실제로 팬의 목소리를 들었습니까?

하라다   도쿄돔에서 팬분들에게 말을 걸었더니, 몇 분은 깜짝 놀라시더라고요(웃음). 팬이 스태프에게 질문하는 일은 있어도, 스태프가 말을 걸어오는 일은 보통 없으니까요. 젊은 층의 목소리도 들어보고 싶었기에, 학생 인턴에게 협력을 요청하기도 했습니다.

2019년에 개최한 팬미팅 중 벤치에서 기념 촬영.

젊은 사람이 질문을 하면, 동일한 시선으로 이야기해준다는 사실도 하나 알게 됐습니다.

쓰다 2019년 8월 하순에는 팬미팅도 개최하셨잖아요. 저도 참가했는데, 정말 즐거운 자리였습니다.

하라다 지금까지 선수와의 교류회 등은 개최한 적 있었지만, 요미우리자이언츠 직원이 주최해 팬과 만나는 팬미팅은 처음이었습니다. 당일엔 제가 구장을 안내하거나, 팬분들이 요미우리자이언츠가 왜 좋은지 이야기를 듣는 자리를 마련했습니다. 이벤트를 하기 전에는 '어떤 의견을 들을 수나 있을까……' 하고 부정적으로 생각하기 쉬웠다면, 엄청난 열정으로 요미우리자이언츠가 좋다고 하는 사람들이 눈앞에 나타나니 자연히 긍정적인 마음가짐으로 변했습니다. 선수의 힘을 직접 빌리지 않고, 구단 직원의 힘으로도 할 수 있다고 실감했죠.

또, 의류업계에서 아르바이트한 경험이 있는 젊은 직원 하나가 팬을 응대하는 일에 굉장히 능숙하더라고요. 그렇게 직원의 장점을 발견할 수 있는 자리이기도 했습니다.

도바 저도 참가해보니, 팬미팅은 계속 개최해야 한다는 생각이 들었습니다. 팬미팅 자체가 브랜드를 체험할 수 있는 자리이기도 했으니까요. 앞으로도 많은 직원들이 계속 참가해주었으면 합니다.

쓰다　팬미팅을 진행하면서 알게 된 해결 과제 같은 것은 없었나요?

하라다　이번에 초대한 인원은 14명입니다. 이전에 개최한 팬참가형기획 참가자부터 요미우리자이언츠의 팬심도가 비교적 높은 층으로 범위를 좁혔고, 성향이나 행동 등을 기반으로 몇 개의 그룹으로 나누어 선발했습니다. 코어팬은 더 있습니다. 특정 팬뿐만 아니라 훨씬 더 많은 팬과 만날 수 있었으면 좋겠네요.

도바　스포츠팀은 스타선수의 은퇴를 계기로 팬이 갑자기 이탈하는 일도 있습니다. 그때는 구단의 방침에 불만을 표하는 사람도 있습니다. 하지만 그것을 정면으로 받아들이는 것이 중요하지 않나 생각합니다. 앞으로도 코어팬을 중요시하고, 사소하더라도 그들의 의견이나 요청을 받아들일 수 있는 환경을 만들어가고 싶습니다.

쓰다　저는 원래 특정 야구팀을 응원하진 않았습니다만, 도바 씨와 하라다 씨를 만나고 나서 단숨에 요미우리자이언츠의 팬이 되었습니다. 팬미팅 참가자 중 한 사람은 '요미우리자이언츠는 다른 팀의 험담을 하지 않아서 좋다'라고 했죠. 저는 꽤 공감했습니다. 그 전까지는 요미우리자이언츠가 왜 좋은지 누가 물어도

'강한 팀이니까' 하는 기능가치적인 면으로밖에 대답하지 못했는데, '팬의 인간성이 훌륭하다'라는 점에 수긍하게 되었습니다. 실제 경기장에 있어도 그렇게 느껴지기도 하고요.

하라다 요미우리자이언츠 응원단은 '타도○○' 등 상대 팀을 깎아내리는 표현은 절대로 쓰지 않습니다. '투수 힘내라! 타자도 파이팅!' 하는 자기 팀을 고무시키는 응원을 하지요. 올해는 팬데믹 때문에, 소리를 크게 내거나, 타월을 흔드는 응원이 어렵게 됐지만……. 그 대신 박수나, 타월을 내거는 등 새로운 방식으로 응원해주기를 팬분들에게 협력 요청하고 있습니다.

쓰다 그렇군요. 2020년 시즌은 개막이 꽤 많이 늦기도 했고, 이전처럼 열광하는 팬으로 가득한 만석 구장에서 경기를 진행하기 힘들었는데요. 팬들을 위해 어떤 일을 해오셨나요?

하라다 팬분들의 심정에 가깝게 다가가 이벤트나 기획을 구단 전체에서 실시하고 있습니다. 요전에는 선수에게 보내는 팬분들의 메시지를 유니폼에다 적고, 그것을 구장에 장식하는 이벤트도 열었습니다. 또, 그 메시지를 바라보는 선수들의 모습을 촬영해, 팬과 함께 만든 하나의 스토리로서 유튜브에 영상을 업로드했습니다. 팬분들이 보내준 사진을 모자이크아트로 만들어, 선수들의 공간을 꾸미기도 하고, 그 디자인 포스터를 팬클럽 회원에게 보내기도 했습니다.

굿즈에도 팬분들의 의견을 적극 반영하고 있습니다. 트위터로 어떠한 굿즈가 가지고 싶은지 물었더니, 100건이 넘는 회신을 받았습니다. 굿즈에 대한 코어팬의 열정이 얼마나 큰지 느낄 수 있었습니다. 선수 등번호 변경 전 굿즈를 다시 만들어 판매하는 등, 팬분들의 요청에 응해 몇 가지 기획을 진행하고 있습니다.

팬베이스는 테크닉이 아니다

쓰다   다른 이야기입니다만, 요미우리자이언츠는 스포츠팀이니까, 애초에 '팬을 중요시하는 것이 당연하다'고 생각하는 사람이 사내에 많이 있을 거라고 생각합니다. 어떻게 팬베이스의 개념을 이해시키셨나요?

하라다   처음엔 팬베이스를 실천해야 한다고 말했더니, '그건 팬서비스와 어떻게 다릅니까' 하는 질문을 몇 번인가 받았습니다. '팬과 직접 만나는 것'을 말하는 거라면, 이미 하고 있다는 반응이 돌아오기도 했습니다. 그래서 저는 팬베이스라는 말을 직접 쓰기보다, 그 요소를 기획서나 리포트에 녹여내, 서서히 전달되도록 했습니다.

쓰다 팬베이스를 수단으로서 인식하게 되면, 그것을 실행하는 것 자체가 목적이 되어버립니다. 사실은 다양한 정책에 팬베이스 개념을 넣는 것이 중요한데도요.

하라다 전달방식은 꽤 조심스러웠습니다만, 도바 씨가 큰 도움이 되었습니다. '이런 데이터가 나왔으니 대응하라'는 식이 아니라, '이런 과제가 있으니 이렇게 해결하고 싶다'는 식으로 경영진이나 타 부서에 도바 씨가 전달해주었거든요.

도바 사내에서 이야기를 나눌 때는 요미우리자이언츠의 좋은 점에 입각하여 긍정적으로 표현하고자 노력했습니다. '이러니까 요미우리자이언츠는 안 된다'와 같이 표현하기보다는, '좀 더 이렇게 하는 편이 좋다' 하고요.

하라다 마케팅부 초창기 멤버 4명 중, 제가 제일 회사를 오래 다녔습니다. 도바 씨 말고 나머지 두 사람은 아직 입사한 지 1~2년 정도밖에 안 되었죠. 사정이 이러하니까 새롭게 부서를 만들었는데 다른 부서로부터 전혀 정보를 얻을 수 없을지도 모른다는 생각에 처음엔 불안하기도 했습니다. 아직 실적도 없었기 때문에, 당연하지만, 무슨 일이 있으면 마케팅부서에 상담하라는 움직임도 일어나기 힘들었죠. 그래서 굿즈를 담당하는 부서에는 팬의 반응을 알 수 있는 데이터를 만들어주거나, 메일매거진 제작

업무를 떠맡는 등, 사내에서 신뢰를 얻기 위해 우리가 먼저 나서서 행동했습니다.

도바　타 부서에서는 귀찮은 사람들이라고 생각했을지 모르지만, 계속 여러 일에 관여하며, 숫자로 보여주겠다고 덤벼들었죠.

쓰다　마케팅부서라고 해서 책상에 앉아 데이터만 보고 있으면 미움받을 테죠. 조사나 분석을 확실히 하면서, '행동하는 역할'을 맡아 신뢰를 쌓아온 것 같네요. 팬베이스를 단순한 테크닉으로 인식하지 않고, 팬을 정말 이해하면서 회사도 동참하도록 만들다니 대단합니다. 앞으로도 요미우리자이언츠 팬과의 협력을 기대하겠습니다.

팬의 '감정'을 가시화하는, 팬베이스 진단이란?

　지금부터 팬베이스를 실천하는 데 도움이 될 '팬베이스 진단 v.1.0'(2020년 9월 16일 제공 개시)을 소개하겠습니다. 이것은 제1장 팬베이스 집중 강의에서 다뤘듯이, 팬베이스컴퍼니가 개발한, 팬의 감정을 가시화하여 팬에게 다가가기 위한 진단 툴입니다.

　지금까지 팬을 붙잡는 방법으로서, 구매 데이터를 분석하거나, 고객 충성도를 측정하는 등, 다양한 수단이 있었습니다. 하지만 어느 것도 고객의 '감정'을 깊이 읽어내지는 못했습니다.

　예를 들어, 구매 데이터만 주목하면, 구매금액이 많은 사람은 상위 고객이 되기 쉽지만, 그 사람이 상품이나 브랜드에 대해서 애착을 가지고 있지 않으면, 오랫동안 상위 고객이 되리라는 보장이 없습니다. 또, 고객 충성도는 일시적인 이벤트 등으로도 좌우되기 쉽고, 상품이나 브랜드의 기능 가치(예:디자인이 좋다, 칼로리가 낮다 등)만으로도 스코어가 올라가기도 합니다. 기능가치만 내세워서는, 경쟁에 의해 대부분 진부해지는 운명이 기다리고 있습니다. 그렇기 때문에 구매 등의 '행위'와 좋아하는 마음인 '감정'이 일치하는 사람, 즉 앞으로도 서비스를 좋아해 지속적으로 구매해주는 사람에 대해 파악하는 것이 중요합니다.

그래서 개발한 것이, 팬베이스 진단입니다. 진단실시기업의 고객에 대한 설문조사를 기반으로 합니다. 핵심이 되는 질문은 두 가지입니다. 상품이나 브랜드에 대한 '현재의 호감도'를 7단계로 물을 것('애정한다고 말할 수 있을 만큼 좋아한다' '매우 좋아한다' '좋아한다' '그럭저럭 좋다' '좋지도 싫지도 않다' '별로 좋아하지 않는다' '좋아하지 않는다')과, 5단계로 나눈 '팬 스테이지'('관여하지 않음' '발견' '정착' '참가' '공동가치창조')를 스스로 평가하는 것입니다.

덧붙여, 팬 스테이지는 '발견'(팬이 되어, 앞으로 지지하는 것이 기대되는 사람)부터 '공동가치창조'(어느새 삶의 일부로, 미래를 함께 만들어가고 싶어 하는 사람)까지, 스테이지를 올라갈 때마다 '진정한 팬'이라고 판단할 수 있습니다.

핵심이 되는 두 가지 질문에서 이끌어낼 수 있는 것이 '팬심도 매핑'입니다. 가로축의 팬 스테이지가 '공동가치창조'나 '참가' 정도로 높고, 세로축의 현재 호감도 '애정한다고 말할 수 있을 만큼 좋아한다'나 '매우 좋아한다' 정도로 높은 사람이 '코어팬'으로, 그밖엔 '팬' '라이트팬' '팬이 아님' 등으로 분류하고 있습니다. 현재 호감도를 알아보는 것만으로는 고객 충성도와 마찬가지로 단기적인 이벤트 등으로 좌우되기 쉬우니, 팬 스테이지와 조합하여 팬심도를 분류하는 것이 중요합니다.

요미우리자이언츠의 팬베이스 진단!

　그럼 실제로 팬베이스 진단을 앞서 실시한 요미우리자이언츠의 예를 살펴보도록 하겠습니다. 조사는 2020년 7월 1일~7일, 'GIANTS ID' 등록자에 한해 메일매거진에서 공지하고, 1만 6739명으로부터 회신을 받았습니다.

　우선 요미우리자이언츠의 팬 스테이지(도표1)는, '정착'이 56.5%로 가장 많았고, 이어서 '공동가치창조'가 31.9%, '참가'가 8.8% 순의 결과가 나왔습니다. 이것과 현재 호감도를 곱해 팬심도 매핑(도표2)을 그리면, '코어팬'이 34.0%, '팬'이 47.8%, '라이트팬'이 16.6%로 분류할 수 있습니다. 코어팬과 팬이 80% 이상 차지하고 있고, '공동가치창조×애정한다고 말할 수 있을 만큼 좋아한다'라는 가장 팬심도가 높은 영역에 23.3%나 되는 사람이 분포하고 있습니다. 원래 어느 정도 관여하고 있는 GIANTS ID 등록자를 대상으로 한 조사임을 감안하더라도, 굉장히 놀라운 일입니다. 이 팬심도 매핑 결과로부터 요미우리자이언츠의 미래를 생각하면, 현재 팬의 코어화, 라이트팬의 팬화 등, 전체 팬심도를 높이는 시책이 중요해집니다.

　또, 팬베이스 진단을 활용하면, 자사의 팬을 좀 더 깊이 분석하는 것도 가능합니다.

　팬심도 매핑으로 분석한 코어팬, 팬, 라이트팬, 팬이 아닌 사람이 각각 '기능가치' '정서가치' '미래가치'에 관해, 어디에다 얼마나 가치를 두고 있는지를 알 수 있는 '가치점수'나, 팬심도에 대응해 '계속의향' '추천의향' '탐구의향'을 파악할 수 있는 '의향점수'를 산출할 수 있습니다.

요미우리자이언츠의 팬 스테이지 (2020년 7월 조사)

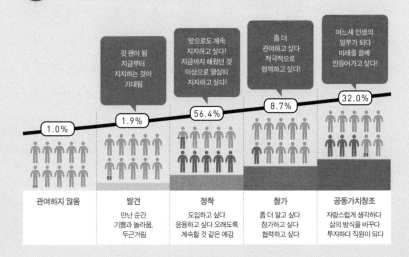

	발견	정착	참가	공동가치창조
갓 팬이 됨 지금부터 지지하는 것이 기대됨	앞으로도 계속 지지하고 싶다! 지금까지 해왔던 것 이상으로 열심히 지지하고 싶다!	좀 더 관여하고 싶다 적극적으로 협력하고 싶다!	어느새 인생의 일부가 되다 미래를 함께 만들어가고 싶다!	

1.0%   1.9%   56.4%   8.7%   32.0%

관여하지 않음	발견	정착	참가	공동가치창조
	만난 순간 기쁨과 놀라움, 두근거림	도입하고 싶다 응용하고 싶다 오래도록 계속할 것 같은 예감	좀 더 알고 싶다 참가하고 싶다 협력하고 싶다	자랑스럽게 생각하다 삶의 방식을 바꾸다 투자하다 직원이 되다

도표2 요미우리자이언츠의 팬 스테이지 (2020년 7월 조사)

		팬 스 테 이 지				
		관여하지 않음	발견	정착	참가	공동가치창조
현 재 의 호 감 도	애정한다고 말할 수 있을 만큼 좋아한다	0.0%	0.5%	16.1%	3.8%	23.3%
	매우 좋아한다	0.0%	0.6%	24.9%	3.5%	6.9%
	좋아한다	0.0%	0.5%	12.4%	1.1%	1.5%
	그럭저럭 좋다	0.2%	0.3%	2.5%	0.3%	0.2%
	좋지도 싫지도 않다	0.2%	0.1%	0.3%	0.1%	0.0%
	별로 좋아하지 않는다	0.2%	0.0%	0.2%	0.0%	0.0%
	좋아하지 않는다	0.2%	0.0%	0.1%	0.0%	0.0%

팬이 아님 1.4%   일치하지 않음 0.2%

34.0%	47.8%	16.6%
코어팬	팬	라이트 팬

이 가치점수와 의향점수라는 두 가지 지표를 이용해 상관분석도 할 수 있습니다. 이 의향점수와 정서가치의 강한 상관관계(0.7전후)를 볼 수 있었던 것이 특징적이었습니다. 즉, 팬과 정서적으로 끈끈하게 이어져, 계속의 향이나 추천의향이 일어나는 것입니다. 또, 추천의향이나 탐구의향을 살펴보면, 미래가치와의 상관관계가 비교적 강하게 나타납니다. 이것은 요미우리자이언츠의 활동을 통해 사회나 미래에 대한 긍정적인 기대가 커지고 있음을 나타냅니다.

물론 '아무 기업에서나' 요미우리자이언츠와 같은 양호한 결과를 얻을 수 있다고는 할 수 없습니다. 예를 들어, 추천의향 점수가 높게 나오더라도, 정서가치와의 상관관계가 낮을 수도 있습니다. 이 경우엔 오래도록 사랑받고, 계속 추천받을 수 있을지 의문이 들죠.

그래도 이러한 현상을 파악하는 것 자체가 중요합니다. 지금까지는 가시화할 수 없었기 때문이죠. 다시 팬이 만족할 만한 포인트를 찾고, 거기에 적합한 팬베이스 시책을 계속 펼쳐나가면, 정서가치도 여러 의향점수도 높아지리라 생각합니다.

또 하나, 팬베이스 진단을 응용한 방법으로서, 앞서 언급한 팬심도 매핑과, 자사의 구매 데이터나 매장 방문 횟수, 유·무료 회원종별, 운용하는 SNS 접속률 등을 조합한 교차분석도 유효합니다. 그뿐만 아니라, 요미우리자이언츠의 예(도표4)를 살펴보겠습니다. 이것은 회원 데이터와 팬심도의 교차분석 결과입니다. 코어팬처럼 팬심도가 높을수록 유료회원률, 가동률이 높았고, 평균 구매금액도 라이트팬의 구매금액을 기준으로 하면, 코어팬은 팬의 1.3배, 라이트팬의 1.7배나 됐습니다. 즉, 팬의 '행동'과 '감정'이

도표3 요미우리자이언츠의 의향과 가치 상관분석 (2020년 7월 조사)

	코어팬, 팬, 라이트팬		
	계속의향	추천의향	탐구의향
기능가치	0.65	0.57	0.61
정서가치	0.73	0.68	0.74
미래가치	0.55	0.65	0.65

도표4 요미우리자이언츠 회원 데이터와 팬심도의 교차분석 (2020년 7월 조사)

	유료회원률	2020년의 가동률
코어팬	75.9%	89.8%
팬	72.3%	87.0%
라이트팬	63.9%	78.3%
팬이 아님	55.0%	69.4%

평균 구매 금액(라이트팬을 100으로 할 경우)

코어팬	170
팬	130
라이트팬	100

일치하는 이상적 상태입니다.

이 균형이 깨진 경우엔 주의가 필요합니다. 예를 들어, 라이트팬의 평균 구매금액이 가장 많다고 결과가 나왔다면, 팬의 마음을 확실히 사로잡지 못했다는 말입니다. 다른 좋은 상품이 출시되면, 그쪽으로 옮겨갈 가능성이 높죠.

이밖에도 팬베이스 진단은, 새로운 것을 좋아하는 사람, 개성적이고 싶은 사람 등 '팬의 성격'을 파악하고, '동료 같은 존재' '시대를 앞서가는 존재'같이 '팬의 입장에서 본 브랜드 및 상품의 존재'도 점수화할 수 있습니다. 이렇게 팬의 정서적 측면을 종합적으로 파악하는 것으로도, 코어팬으로 옮겨가도록 할 수 있는 방법이 보일 것입니다. 게다가 반년에서 1년 마다 그 변화를 살펴보면, 그동안 실행해왔던 팬베이스 시책의 효과도 검증할 수 있고, 개선점을 찾을 수 있을 것입니다. 처음 소개했던 팬베이스 진단의 핵심이 되는 두 가지 질문에 관해서는 팬베이스컴퍼니 홈페이지에 공개해두었으니, 일단 그것을 활용해 자사 고객의 현실을 파악해보세요.

2

가고메 편

일본 대표 토마토주스 하면 바로 여기!

미즈노 신야

전 가고메, 현 ITR

하지만 2015년 '과채믹스음료 시장'이 크게 침체기를 맞았습니다.

오랜 팬들이 떨어져나가고 있잖아. 무슨 수를 쓰지 않으면 안 되겠어….

유명한 인기 캐릭터를 사용해

KAGOME
야채생활 100

'야채생활100'과의 컬래버레이션을 단행합니다.

해냈다!!

매출 상승!!

하고 기뻐하긴 했는데…

장기적으로 생각하면 과연 이걸로 괜찮을까.

으-음…

일시적인 이벤트가 아니라 오랫동안 사랑해준 팬을 중요시해야 하는 게 아닐까?

그래서 애초에 가고메 팬이란 어떤 사람들일까? 하는 정의부터 했습니다.

팬

충성 고객

다른 브랜드로 갈아타지 않는 팬 예비군

헤비유저

구입금액이 많은 팬 예비군

이 팬층에게 좀 더 사랑받아야 해!

팬의 이탈을 막고, 회사가 좀 더 팬과 능동적으로 이어지기 위해서…

음-

커뮤니티 사이트를 만들어보자.

그렇게 생각하게 된 계기가 있었나요?

당시 고객과 온라인에서 양방향 소통을 한 사례가 늘어나고 있었습니다.

그렇게 만들어진 것이

&KAGOME
가고메에서 모두 함께 만드는 커뮤니티

콘셉트는
1. 팬을 알다
2. 팬에게 전달하다
3. 팬과 함께 체험하다

팬과 함께 만들어가는 장을 목표로 합니다!

'팬과 능동적으로 연결된다'는 의미입니다.

2015년 4월 오픈.

오픈 당시·등록 회원 수는

1400명 …

주로 팬 주주회원과 온라인 구매 회원이었습니다.

그래도 꽤 많이 등록한 것 아닌가요?

네, 그건 그렇죠.

하지만 윗선에서 '1년에 1만 명을 모으지 못하면 중지'한다고 했기 때문에…

그건… 압박하는 거네요…

네.

미즈노 신야
(전 가고메 근무)
×
**오노 후미타카,
다구치 루미코**
(가고메 근무)
×
쓰다 마사야스

커뮤니티사이트는 '안심할 수 있는 곳'

가고메 팬과의 접점을 늘려
팬과 함께 만드는 기획도 실현하고자 합니다

쓰다 마사야스(이하 쓰다)

'과채음료 하면 가고메'라는 이미지를 가지고 있는 소비자들도 많을 거라고 생각합니다. 이번엔 대형 식품기업과 팬의 커뮤니케이션 사례로서, 현재는 가고메를 나와 IT조사·컨설팅 기업 ITR에서 활약하고 있는 미즈노 신야 씨, 현재도 가고메에서 팬 베이스를 추진하고 있는 마케팅본부 오노 후미타카 씨, 다구치 루미코 씨와 함께 이야기해보도록 하겠습니다.

본론으로 들어가서, 먼저 미즈노 씨는 가고메 재직시절, 어떤 계기로 커뮤니티사이트에 주목하게 되었습니까?

미즈노 신야(이하 미즈노)

저는 1991년에 가고메에 입사해, 공장에서 생산관리정보시스템 부문을 거쳐, 2015년 4월 1일에 광고홍보부서로 이동했습니다. 그날은 가고메의 커뮤니티사이트 '&KAGOME(앤드 가고메)' 의 오픈 첫 날이었습니다. 그리고 퇴사할 때까지 5년 동안 사이트 운영에 관여했습니다.

가고메가 팬과 커뮤니케이션을 의식하게 된 것은 매출이 답보 상태에 빠졌던 것이 계기였습니다. 2014~2015년에 걸쳐, 주력 상품인 '야채생활100'을 포함한 과채혼합음료 시장 규모가 크게 축소되었습니다. 이런 상황에 이르자, 이벤트 같은 일시적인 방책을 각 브랜드에서 시행하는 것뿐 아니라, 회사 전체가 유저와 마주할 필요가 있다고 생각했습니다.

특히 의식한 것은 매출 상위 2.5%를 차지하는 헤비유저입니다. 2014년에 시행한 고객관련 조사에서 구매금액 상위 2.5%의 고객이 전체 매출의 약 30%를 차지하고 있다는 사실을 알게 됐습니다. 그 때문에, 이 상위 2.5%의 헤비유저와, 다른 브랜드로 갈아타지 않고 계속 구매해주는 충성고객이 겹치는 층을 '가고메팬'이라고 정의했습니다. 이런 가고메 팬과 교류하기 위해서 시작한 것이 &KAGOME입니다.

쓰다　로직이 굉장히 심플하네요. 상위 2.5%가 빠지면 전체 매출의 30%가 줄어버린다. 그래서 이 상위층과 소통하기 위해서 &KAGOME가 필요하다. 팬베이스를 실천하고 싶어도 상사를 설득하기 어렵다고들 하는데, 이렇게 쉽게 전달할 수 있는 로직이 큰 도움이 될 것 같네요.

미즈노 가고메의 기업이념도 크게 영향을 끼쳤습니다. 창업주 가니에 이치타로 씨는 아이치현 농민 출신입니다. 1899년에 토마토 등 서양채소 재배에 착수해, 1903년에 자택의 헛간에서 토마토소스를 제조하기 시작했습니다. 그 뒤, 이를 사업화하여 전국 각지에 판로를 넓혀갔습니다. 2000년에는 역대 경영자분들이 신념으로서 가지고 왔던 경영정신이나 운영방침을 재검토하여, '감사' '자연' '열린 기업', 이 세 가지를 새로운 기업이념으로 제정했습니다. 이것은 기업전략의 원점이기도 하며, 직원의 생각이나 행동의 근거가 되기도 합니다.

이 기업이념을 바탕으로 2001년에 시작한 것이 '팬 고객 주주 만들기'입니다. 평소에 가고메 상품을 이용해주는 고객이야말로 주주가 되어야 한다는 생각을 했습니다. 당시 약 6500명밖에 없었던 주주를 10만 명까지 늘리자는 목표를 세워, 주식 액면분할이나 교류 이벤트를 개최하는 등 다양한 방법을 동원했습니다. 그리고 2005년 9월, 시작한 지 약 4년 만에 주주가 10만 명을 돌파했습니다.

시대를 뛰어넘어 이어져오는 기업이념과 팬 주주라는 사례가 이미 있었기에 &KAGOME를 진행하기 쉬웠다고 할 수 있겠죠.

커뮤니티사이트에서도 팬의 목소리를 들을 수 있다

쓰다 &KAGOME를 운영하면서 어떠한 부분을 중시했나요?

미즈노 중요하게 생각한 것은 팬과 함께 만들어가는 사이트라는 것입니다. 팬들이 가고메에 대해서 더 잘 알 수 있도록, 개발담당자를 인터뷰하고, 상품이 만들어지기까지의 과정을 게재했습니다. 월에 6~8개의 기사를 지속적으로 올렸고, 메일매거진도 월에 2~3회 발행했습니다. 퀴즈나 후기처럼 가볍게 즐길 수 있는 콘텐츠도 준비했고, 팬들이 질려하지 않도록 유의했습니다.

커뮤니티사이트 회원을 대상으로 한 공장견학도 실시하고 있습니다. 수확체험이나 퀴즈대회도 기획했는데, 참가자분들에게 좋은 평을 얻기도 했습니다. 2019년에는 나가노현에 있는 '가고메 야채생활팜'에서 체험회를 실시했습니다. 이것은 나가노현 후지미마치와 가고메의 협력으로 탄생한 채소체험형 테마파크로, 수확체험 외에도 여기서 키운 채소를 사용한 피자 만들기 등 다양한 활동을 즐길 수 있습니다.

모두 &KAGOME 내에서 모집했고, 농장체험에는 가족 단위의 참가자도 눈에 띄었습니다. 차량지원은 따로 되지 않았는데도, 참가자분들이 자비를 들여서 오셨습니다. 돈을 들여서까지 방문할 만큼 코어팬들이 모이지 않았나 생각합니다.

쓰다 &KAGOME의 회원모집은 처음부터 순조로웠나요?

미즈노 주주, 이벤트 회원, 온라인 구매회원에게 알렸고, 오픈 시에 1400명을 모집할 수 있었습니다. 물론 기뻤지만, 윗선에서는 내년 연말(2016년 12월)까지 회원 수를 1만 명으로 늘려달라고 했기에, 꽤 압박감을 느꼈습니다. 그래도 2016년 안에 어찌어찌해서 1만 명을 달성했고, 순조롭게 진행되어 2019년 12월에는 3만 명까지 늘어났습니다. 10~80대까지 폭넓은 연령대의 회원이 있는데, 중심이 되는 것은 30~40대입니다. PC를 이용하는 비율이 비교적 높은 것이 특징입니다.

쓰다 회원이 늘어나게 된 계기라도 있었나요?

가고메 야채생활팜에서 열린 체험회 모습(2019년 9월 개최 당시).

미즈노 　토마토 묘목을 선물하는 이벤트가 도움이 됐습니다. 이것은 가고메가 20년 이상 계속해오던 것인데, 시판되지 않은 토마토주스용 품종 묘목을 추첨해서 보내드리고 있습니다. 매년 응모가 쇄도하고 있는 인기 이벤트이지만, 묘목이 고객에게 도착한 순간부터 가고메와의 관계가 끊어져버립니다. 그래서 생각해낸 것이, &KAGOME 내의 '토마코미'라는 콘텐츠입니다. 받은 묘목 사진을 업로드해서 토마토가 커가는 모습을 모두와 공유하는 갤러리나 토마토를 주제로 하는 게시판을 만들어, 토마토 재배 전문가가 쓰는 토막 지식 등을 게재했습니다. 그랬더니 묘목에 당첨된 고객들이 적극적으로 사진이나 글을 올려주시더라고요.

쓰다 　'선물을 받는 순간 관계가 끊어진다'라는, 지금까지의 흐름을 바꿨다는 것에 큰 의미가 있어 보입니다. 회원 수는 3만이라고 하셨는데, 좀 더 늘리고 싶은 바람은 없습니까?

미즈노 　회원 수뿐만 아니라, 적극적으로 활동하는 유저를 좀 더 늘리고 싶습니다. 사이트에 로그인해, '좋아요'를 눌러주는 사람, 댓글을 달아주는 사람 등, 라이트유저에서 헤비유저까지, 능동적으로 활동하는 사람 수를 KPI(핵심성과지표)로 하고 있습니다. 또, 가고메에 깊이 관여하고 있다는 느낌이 들도록, 팬과 공동으로 하는 기획도 몇 가지 시작했습니다. 가고메 사운드로고를 예로 들 수 있겠네요. '가고메를 소리를 표현한다면?'이라는 설문조사를 실시하고, 그 결과를 바탕으로 작곡가에게 의뢰했습니다. 6가지 후보곡 중에서 팬 투표로 선정하고, 내부 회의를 거쳐 결정했습니다. 또, 식물성유산균음료 '라브레'의 공식 앰버서더를 정할 때도, &KAGOME 사이트에서 팬분들의 의견을 물었습니다.

다구치 루미코(이하, 다구치)

'고타쓰* 투표'도 꽤 반응이 좋았습니다. 이건 2019년 12월~2020년 1월에 걸쳐 실시한 이벤트인데, '고타쓰에 앉아서 즐기고 싶은 가고메 식품'을 골라 투표를 진행했습니다. 이 기획은 평소보다 4배가 넘는 팬분들이 참여해주셨어요.

미즈노 콘텐츠에 대해서 어떤 행동을 취하는 사람의 마음은, 그 응답이나 반응으로부터 헤아릴 수 있습니다. 하지만 그저 열람만 하는 사람의 마음에 대해선 잘 모르겠네요. 어떠한 마음으로 이 사이트에 왔을까 항상 신경 쓰였습니다. 하지만 고타쓰 투표의 반응을 보고, 자신이 즐길 수 있을 만한 기획에는 적극적으로 참여한다는 사실을 실감했습니다.

* 일본 특유의 난방기구. 테이블 위에 담요를 덮은 것으로, 안에는 난로가 있다.

쓰다 인터뷰로 팬의 의견을 듣는 일이 많을 것 같은데, 커뮤니티사이트에서도 어느 정도 가능하죠?

오노 후미타카(이하 오노)

&KAGOME에서는 가고메 팬 나름의 생각이 깃든, 열정 넘치는 댓글을 받을 수 있습니다. 코어팬과 일반 팬을 고려할 필요는 있지만, 소비자의 생생한 목소리를 듣는다는 점은 변함없습니다. 직원에게 있어서도, 중재하는 능력을 향상시키는 좋은 기회라고 생각합니다.

쓰다 회원 수가 늘어나면서 유의해온 부분이 있습니까?

미즈노 커뮤니티사이트를 안심할 수 있는 장소로 만드는 것입니다. 회원끼리 대화가 순조롭게 흘러가도록, 게시글 내용은 매일 체크하고 있습니다. 또, 법적으로 문제가 될 만한 부적절한 표현이 있다면, 표시되지 않도록 하는 등의 대응을 하고 있습니다. 팬으로부터 오는 코멘트 체크는 외부에 의뢰했습니다만, 필요에 따라 &KAGOME를 관할하는 광고홍보부에 보고하도록 하고 있습니다. 내용에 따라 관계 부서와 협의하는 등, 사이트 개설 당초부터 단계적으로 확대해간 덕분에 큰 트러블은 없었습니다. 사이트 내의 일들이 화제가 돼서, 웹상에서 확산되는 것도 기대했지만, 모두 조심스럽고 고상하신 분들이라 그런 일은 일어나지 않았습니다. 보통 가고메에 대한 열정이 굉장히 높습니다.

오노 네, 맞습니다. 자연스럽고, 진지하고, 능동적이었습니다. 공장견학 등에서 만나보니 친근한 사람들이구나 하고 느꼈습니다. 그런 &KAGOME 회원들과 공동가치를 만들고 있는 것이 가고메의 큰 가치가 되고 있다고 생각합니다.

미즈노 가고메에서는 연 1회, 고객 충성도를 조사하고 있습니다만, &KAGOME 회원은 이벤트나 SNS 팔로워와 비교해봐도 점수가 높습니다. &KAGOME 운영을 통해, 팬과 다양한 접점을 만드는 것이 가고메 브랜드의 가치 향상과 상품에 대한 애정으로 이어진다는 것을 알게 되었습니다.

오노 앞으로 과제도 있습니다. 가고메는 채소의 큐레이션미디어나 식생활 교육 관련해서도 활동했는데, 지금은 끝났지만 다시 이어나가고 싶습니다. &KAGOME를 통해, 가고메의 활동을 좀 더 전달해나가고 싶습니다.

공동가치창조 기획으로 사내 인지도를 높이다

쓰다   저도 경험한 적 있습니다만, '팬과 함께 만든다'고 해도 회사에서 그다지 이해해주지 않잖아요. &KAGOME를 처음 오픈했을 때, 사내 반응은 어땠나요?

미즈노   당시엔 사내에서도 인지도가 높지 않았기 때문에, 상품 모니터 등 설문조사 결과를 공유하기도 하며 착실히 어필했습니다. &KAGOME에서 진행한 공동기획을 자료로 만들어 배포하는 동안, 타 부서에서도 '우리 부서에서도 해보고 싶다'며 상담 요청도 늘었습니다. 이런 일들을 반복하면서, &KAGOME는 마케팅에 유용한 존재라는 인식을 사내에 심을 수 있었습니다.

쓰다   팬베이스를 실천하고 싶다는 기업으로부터, '사내의 협조를 이끌어내는 방법을 모르겠다'며 종종 상담 요청이 들어오는데요. 역시 회사 안에서 꾸준히 신뢰를 얻는 게 중요하겠죠?

미즈노   팬과 공동기획으로 탄생한 상품도 있습니다. 2019년 3월에 출시한 '가고메 진한 토마토소스'는, 어느 정도 틀이 잡혀 있던 기획에 팬의 의견을 반영해서 태어난 상품입니다. '좀 더 손쉽게 다양한 메뉴에 토마토소스가 쓰였으면 좋겠다' 하는 생각에, &KAGOME 회원을 초청해 '토마토소스의 새로운 용기 좌담회'를 열었습니다. 그때 예상 외로 튜브용기에 대한 반응이 좋았고, 놀라울 정도로 많은 이야기가 오갔습니다. '그래, 이거다!' 하고 상품화를 진행했죠.

쓰다　팬분들이 지지해주셨군요.

미즈노　그렇습니다. 팬분들의 생생한 의견은 언제나 감사합니다. 가끔 직원에게는 결코 나올 수 없는 아이디어를 얻기도 합니다.

쓰다　미즈노 씨는 정보시스템부에서 이동해와, 갑자기 커뮤니티사이트 관련 업무를 맡으면서 여러 어려움이 있었을 거라고 생각합니다. 그럼에도 불구하고 이 일을 계속 해올 수 있었던 이유를 스스로 어떻게 분석하십니까?

미즈노　재미있었으니 계속할 수 있었겠죠. 다행스럽게도, 매출같이 숫자가 아니라, 팬이라는 새로운 가치를 요구하는 일이었습니다. &KAGOME로 어떻게 그것을 만들어갈지, 오로지 그 생각만 했습니다. 지금 되돌아보면 새로운 도전이었다고 생각합니다.

쓰다　그렇군요. 현재는 팬데믹으로 실제 체험형 이벤트를 하기엔 어려움이 있을 텐데요. 공장견학이나 농장체험 등은 잠시 중단하는 건가요?

다구치 체험형 이벤트는 팬분들끼리 소통할 수 있는 장이기도 했습니다. 2020년은 팬데믹으로 개최할 수 없어서 아쉽습니다만, 내년 이후에는 '또 가고 싶다'는 생각이 들도록, 재미있는 기획을 생각하고 있습니다. 온라인 이벤트를 할 수 있는 상황도 마련됐기에, 화상회의프로그램 등을 활용한 온라인 좌담회도 시작했습니다. 지금까지는 멀어서 참여하기 힘들었던 팬들과도 적극적으로 소통하고 싶습니다.

미즈노 지금까지 이벤트는 아무래도 주로 도쿄 근교에서 개최되었기에 지방분들이 참여하기 어려웠습니다. 하지만 온라인 이벤트는 전국의 많은 사람들이 좀 더 가고메를 친근하게 느낄 수 있는 기회라고 생각하며, &KAGOME의 가능성이 더욱 커지리라 생각합니다.

쓰다 &KAGOME는 팬커뮤니티사이트의 성공적인 예로 자주 언급되는데, 그 이면에는 직원분들의 열정, 팬과의 교류, 팬이 안심할 수 있는 곳으로 만들려는 노력, 사내에서 끊임없이 신뢰 쌓기 등 다양한 일들이 필요하다는 것을 잘 알았습니다. 앞으로도 &KAGOME의 활약을 기대하겠습니다.

3

레터스클럽 편

V자 반등에 성공한 미식 정보지

마쓰다 노리코

전 KADOKAWA, 현 팬베이스컴퍼니

당시 편집부는 레터스클럽의 진지한 분위기를 중요시했고,

물론 그것은 그것 나름대로 훌륭하지만

다르게 말하자면 '완고한' 부분이 있었습니다.

정성스러운 요리 제대로 할 것
좋은 아내일 것

우리 편집 방향이 마음에 안 들어 바꾸러 온 건가?

요리도 못 하면서 편집장을 한다고? 왜!?

저도 이렇게 생각 했습니다.

코믹에세이 같은 건 싣고 싶지 않은데.

사면초가네요—

물론 모두 레터스클럽을 사랑하는 마음에서 그랬겠지만 실제 판매부수가 침체기를 벗어나지 못하고 있어서…

편집부원들의 '고집스러운 생각'을 벗어던져야 한다고 느꼈습니다.

레터스 클럽

아무것도 모르는 마쓰다
(구 미디어팩토리 출신)

사내 ⇕ 문화의 차이

레터스클럽 멤버
(구 가도카와매거진 출신)

① 무관심층

② 새로운 시도도 해보고 싶은 층

이런 느낌이었기 때문에

당시 편집부원 구성은

①을 ②로 만들어 '아군'을 늘리고자 했습니다.

…파벌 싸움 말인가요?

아니, 그런 무서운 느낌은 아니고

꿀꺽

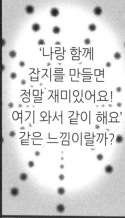

'나랑 함께 잡지를 만들면 정말 재미있어요! 여기 와서 같이 해요' 같은 느낌이랄까?

아, 굉장히 마쓰다 씨답네요.

그렇죠? 후후후.

먼저 바꾼 것은 '말없는 편집회의'입니다.

그때까지 편집부는 기획회의도 조용한 분위기로

아—

모두 얼굴을 들지 않고 자료를 읽기만 할 뿐

이래서는 '기획회의 낭독회'잖아.

제 기획은… ○○○라서 ~~~…

실제로 한 일은…

① 장황한 기획서 폐지

• 기획은 한 줄로! 짧고 간결하게!
• 담당(요리, 청소 등) 이외의 기획도 모두 제출한다

담당 이외의 아이디어는 좀 더 독자의 생각에 가깝기 때문이니까요.

② 화이트보드를 사용한다

• 노트북을 가져오는 것을 금지하고, 각자의 시선을 한곳으로 모아, 전원이 논의할 수 있도록 한다

③ 경험치가 적은 멤버의 의견을 먼저 듣는다

• 베테랑 편집자의 '강고함'을 줄인다

④ 기본은 '긍정적 마인드'

• 판단은 하지 않고, 조언만!

어떤 발언에 대해서도 '재미있어 할 것'을 명심하면, 점점 발언이 늘어날 것입니다.

좋다!

재밌네!

이것으로 편집부는 화기애애한 분위기로 바뀌었습니다.

나중에 생각해보니 이것은 팬베이스에서 말하는 '직원의 팬화'였습니다.

'직원의 팬화'가 '잡지의 변화'로 이어졌다는 건가요?

네, 말씀하신 대로예요.

마쓰다 씨는 15년 정도 책을 만들어오셨는데, 잡지와는 크게 다른가요?

세부적인 작업에는 차이가 있지만 근본적으로는 동일하다고 생각해요.

말하자면 '독자에게 사랑받을 만한 것을 만들어 전달하는 것'이죠.

그러기 위해서는 '팬의 목소리를 듣는 것'이 무엇보다 중요하기 때문에 반복해서 경청했습니다.

① 팬 독자로 이루어진 'LINE레터스대'를 결성

• 활동기간은 반년
• 사례는 쿠오카드* 지급

활동이 끝나면, 후임으로 친구를 소개시켜주기도 하면서 연대의 범위를 넓혔습니다.

② 팬에 한껏 다가간 지면으로 '공감'을 이끌어내다

• 독자는 요리를 좋아하는 이미지
• '매일 요리를 하는 것은 힘들다'

이런 통찰력을 가지고 즉각 특집 만들기!!

경청 → 즉각 반응을 반복하는 팬베이스 정책을 계속 펼쳤습니다.

* 선불카드의 일종.

* 일본 여성 뮤지컬 극단.

** 일본 연예 기획사.

마쓰다 노리코
(전 레터스클럽 편집장)
×
쓰다 마사야스

잡지 불황 속에서도 판매부수 대약진!

'요리를 매일 하는 게 힘든' 독자에게 다가가며
다른 커뮤니티에서도 '팬'을 얻다

쓰다 마사야스(이하 쓰다)

팬베이스컴퍼니의 멤버로서 저와 함께 일을 하고 있는 마쓰다
씨는, 생활잡지 《레터스클럽》을 다시 일으켜세운 전설의 편집장
으로서, 출판계에 잘 알려져 있습니다.

마쓰다 노리코(이하, 마쓰다)

요즘엔 '출판불황'이라고들 하는데, 확실히 서적, 월간지, 주간
지 모두 최근 20년 사이에 판매부수가 크게 줄었습니다. 월간
지 매출은 1997년에 약 10조 2000억 원이나 했는데, 2017년엔
절반 이하로 떨어졌습니다. 레터스클럽도 최전성기였던 90년대
에는 100만 부나 팔았습니다만, 2016년에는 12만 부까지 발행
부수가 줄어든 상황입니다.

쓰다 그렇게 어려운 상황에서 마쓰다 씨가 편집장으로 가게 되었다는 거군요.

마쓰다 네. 2016년 6월, 당시 담당하고 있었던 코믹에세이 편집장을 겸임하는 형식으로, 레터스클럽 편집장 오퍼를 받았습니다. 그 전까지는 오로지 코믹에세이만 했죠. 요리잡지를 해본 적도 없습니다. 해본 적도 없는 사람이 편집장이라니 저도 당황스러웠지만, 편집부원들도 꽤 동요했죠.

쓰다 갑자기 다른 환경에 던져지는 건, 회사를 다니다 보면 가끔 있는 일이죠. 하지만 결과적으로 마쓰다 씨가 편집장으로 취임하고 1년 남짓한 시간 동안, 레터스클럽은 대약진했습니다. 2017년 하반기 판매부수는 전년동기대비 142%까지 늘었어요.

마쓰다 발행부수도 6만 6000부 정도 늘었습니다. 또 잡지나 책은 약 0.4%의 반품률이 일반적이지만, 제가 편집장을 맡은 3년 동안 감사하게도 4번이나 완판을 달성했습니다.

쓰다 어떤 부분부터 시작했나요?

마쓰다 편집부를 다시 고치는 것부터 시작했습니다. 그것도 그럴 것이, 편집장이 되고 나서, 처음 했던 편집회의가 꽤나 충격적이었으니까요. 다들 자신의 기획서를 읽기만 할 뿐, 전혀 회의가 되지 않았습니다. 팔리지 않아서, '조만간 휴간할 것이다' 하는 말들도 심심치 않게 들려오기도 했으니, 편집부원들에게 자신감이 사라져 있었습니다.

그래서 회의를 브레인스토밍 방식으로 바꾸었습니다. 기획서를 폐지하고, 각자가 콘셉트를 한 줄로 생각해 와서, 그것을 논의하는 식으로요. 회의에 노트북을 가지고 오는 사람이 많았는데, 화면만 쳐다보는 일이 많아서 그것도 금지시켰습니다. 그러자 시선이 모였고, 모두가 하나의 기획을 만드는 느낌이 팀 전체에 싹트기 시작했습니다.

편집장으로서, 회의에서는 어떠한 발언도 모두 받아들이기도 했습니다. 신입사원이 요점을 벗어난 발언을 해도 부정하지 않습니다. 어떠한 발언도 존중받을 수 있는 환경을 만들도록 명심했습니다. 게다가 여태까지 요리팀은 요리만 생각하도록 분업이 되어 있었지만, 편집부원 모두가 모든 기획을 생각하도록 했더니, 신선한 의견이 나오기도 했습니다.

팬의 목소리를 듣고 '휴식'을 제안하다

쓰다   팬베이스 관점에서 잡지 기획도 바꾸신 거 같은데, 어떤 일부터 시작하셨나요?

마쓰다   1년 후에 격주간행물을 월간지화하기로 확정되었기에, 그때까지 독자와의 유대를 구축해두지 않으면 안 된다고 위기감을 느꼈습니다. 그러기 위해서는 독자에 대해서 좀 더 알아야 한다는 생각이 들었습니다. 그래서 설문조사를 실시해 전부 검토했습니다만, 상품이 목적인 사람도 많아, 결과가 그다지 믿음직스럽지 않았습니다. 그래서 레터스클럽의 독자나 독자가 될 가능성이 있는 사람을 직접 만나 이야기를 들었습니다. 그러자 '매일 요리를 해야 해서 힘들다' '간편 요리에 죄책감이 든다'와 같은 의견이 있었습니다.

그중에서도 인상적이었던 것은, 세 아이를 키우고 있는 전업주부의 말이었습니다. "메뉴를 생각하는 것만으로도 절망적이다." 세 아이를 키우려면 매일 굉장히 바쁠 것입니다. 아침부터 밤까지 스케줄을 퍼즐처럼 조합해서 소화시켜야 할 정도인데, 전업주부라서 쉴 새가 없는 것입니다. 그 말을 듣고, 이렇게 궁지에 몰린 사람들을 좀 더 편하게 만들어주고 싶었습니다. 그래서 '쉬어도 좋다'는 메시지를 전면에 내세워, '목요일과 금요일은 쉬는 날'이라는 기획도 만들었습니다.

제가 편집장으로 있기 전 레터스클럽은, 이른바 '현모양처 추진 잡지'였습니다. 매일 깨끗하게 방을 정돈하고, 반드시 반찬을 4가지나 만들고. 마치 쇼룸의 카탈로그를 보고 있는 듯했습니다. 솔직히 이래서는 독자분들이 전혀 공감하지 못할 것이라 생각했습니다. 팬에게 문의하여 레터스클럽의 장점을 늘리는 것보다, 바로 앞에 있는 독자의 고민거리를 해결하는 방향으로 접근했고, 결과적으로 효과가 있었습니다.

쓰다 팬심이 깊은 사람의 의견을 경청하는 것이 기본적인 팬베이스 본연의 자세입니다만, 어떤 기업이라도 팬을 찾는 것은 어렵습니다. 게다가 가설을 세워도 실행을 결단하기란 쉽지 않습니다. 마쓰다 씨처럼 '돌파력'이 중요하죠.

마쓰다 머리로만 생각하지 말고 빨리 행동으로 옮겨야 한다고 생각했고, 깨달은 사실을 점차 잡지에 반영해갔습니다.

홍보캐릭터로 '다른 팬'을 불러오다

쓰다 '휴식'을 제안하는 것 말고, 또 어떤 잡지 개혁을 실시하셨나요?

마쓰다 지금까지 레터스클럽에 관심이 없었던 층을 자극하는 연재를 시작했습니다. 레터스클럽의 주 테마는 4가지(요리, 돈, 미용, 정리정돈)입니다. 이 정보들은 반드시 매월 잡지에 싣고 있는데, 이 주제를 다루는 경쟁사도 많이 있습니다. 이 이외에 흥미를 끌 콘텐츠가 필요했습니다.

그래서 팬의 범위를 넓히기 위해, 제 전문인 코믹에세이 연재를 시작했더니, 코믹에세이 작가분의 고정 팬들도 레터스클럽을 읽어준 것입니다. 또, 홍보캐릭터 역시 독자를 늘리는 데 꽤 공헌을 했습니다. 가파루*라는 캐릭터가 공식 트위터에서 '레터스클럽을 애독하고 있다'고 말하는 것을 봤습니다. 저는 이 기회를 놓치지 않고 '편집부로 놀러 와요' 하고 답장을 했습니다. 곧 이야기가 잘되어, 가파루가 잡지에 등장하게 됐습니다. 이를 계기로 가파루의 팬도 레터스클럽에 대한 소식을 전하게 되었죠. 홍보캐릭터를 좋아하는 사람은 다른 홍보캐릭터에게도 관심이 많아서, 예를 들어 구마몬**의 팬도 가파루와 레터스클럽의 정보를 전달하기도 합니다. 덕분에 잡지가 완판되기도 할 정도입니다.

쓰다　　기존 레터스클럽의 팬으로부터 반발은 없었습니까?

---

* 시키시 문화스포츠진흥공사의 공식이미지캐릭터.
** 구마모토현의 인기 마스코트.

마쓰다 홍보캐릭터도, 코믹에세이도 어느 정도 반발은 있었습니다. 하지만 반년은 해보자 하고 끈기 있게 추진했더니, 점점 그런 반발도 줄어들었습니다. 가파루는 요리를 좋아하는 캐릭터고, 코믹에세이는 독자층의 일상을 알기 쉽게 그릴 수 있습니다. '생활에 도움이 된다'는 관점에서는, 둘 다 연결되어 있음을 이해하고 있다고 생각합니다. 그렇다고 기존 팬을 무시할 생각도 없습니다. 레터스클럽의 4가지 메인 콘텐츠는 흔들림 없이 계속되었습니다.

쓰다 다른 팬 집단끼리 이어져 팬의 저변을 넓혀가는 것. 이것은 팬베이스가 제창하는 '스루 더 커뮤니티'의 실천이군요.

서점 앞에서 직접 《레터스클럽》을 팔기도 한다.

마쓰다   사실은 그 시점에서는 아직 팬베이스를 만나지 못했습니다. 지인으로부터 '사토나오오픈랩' 이야기를 들은 것은, 편집장이 되고 나서 1년 정도 지났을 때였습니다. '전하고 싶은 사람에게 확실히 전달한다'라는 기본적이고 심플한 사고방식에 공감했습니다. 지금 나에게 필요한 것은 팬베이스를 좀 더 깊이 이해하는 것이 아닐까? 그런 생각이 들어 사토나오오픈랩에 참가했습니다.

쓰다   사토나오오픈랩에서 배워서 잡지에 활용한 것이 있습니까?

마쓰다   메신저 어플리케이션 LINE을 이용한 코어팬 독자 모임 'LINE 레터스대'를 2017년 1월에 출범했습니다. 월에 한 번, 6명 정도 모여서 기획 이야기를 합니다.
평일 오전 10시에 모임을 하기 때문에, 대원 대부분이 전업주부입니다. 교통비도 자비로 해결하고, 사례로 5000원짜리 쿠오카드를 제공하는 것이 전부지만, 그래도 참가하고 싶다고 말하는 사람이 많았습니다.

쓰다   회원은 공모했나요?

마쓰다   반년의 임기가 끝나는 시점에서, 대원의 친구를 소개받는 방식을 취했습니다. 힌트가 된 것이 팬베이스의 '동질성'이라는 개념이었습니다. 공모해서 심사를 하면 돈도 들고 관리도 필요합니다. 처음부터 LINE레터스대에 대한 이해가 있는 사람을 전제로 해서 진행하는 것이 맞을 것이라 생각했습니다. 결과적으로 침착하고 조용한 사람들만 다시 모였고, 모임이 어지러워진 적은 한 번도 없었습니다.

SNS도 활용했습니다. 다양한 요리사 선생님께 격월로 의뢰해, 제철 식재료를 사용한 한 달간의 메뉴 부록인 '메뉴북'을, 잡지를 월간지화하면서 함께 붙여서 발매했더니, 굉장히 호평을 받았습니다. 독자분들은 메뉴북을 바탕으로 만든 요리 사진을 찍어 SNS에 업로드해주셨습니다. 모두가 특별히 팔로워 수가 많지는 않았습니다. 하지만 한 사람이 리트윗을 하는 것으로, 또 그 사람을 팔로잉하는 사람에게 퍼지기 때문에, 결과적으로 커다란 유대관계가 생기는 거죠.

쓰다 유명인들로부터의 '확산'은 반드시 필요하진 않은 것이군요.

마쓰다 독자 한 사람 한 사람의 힘은 강하지 않지만, 누군가 반응을 해주니 착실하게 팬이 늘어갔습니다. 메뉴북을 계기로 레터스클럽의 팬은 확실하게 늘었죠.

당시엔 트위터에 검색해서, 레터스클럽에 관한 조그마한 언급도 닥치는 대로 리트윗해갔습니다. 공식 계정은 만들지 않고, 제 개인 계정 프로필에 '레터스클럽 편집장'이라고 적어두었습니다. 코멘트를 달 때, '편집장입니다' 하고 쓰면 팬분들이 기뻐한다는 걸 알고 있었기 때문에, 항상 그렇게 달려고 노력했습니다.

쓰다 '나는 이게 좋아' 하고 당당하게 말하지 못하는 사람은 의외로 많습니다. 그래서 이렇게 편집장으로부터 반응이 있으면, '좋아한다고 말해도 괜찮구나!' 하고 자신감이 생기는 것 같네요.

마쓰다 게다가 가족이나 친구는 가치관이 비슷하기에, 그 사람들이 좋아한다고 말한 것이라면 신뢰가 생기게 되지요. 그 영향력이 미미해 보이기 쉽지만, 누군가 허브가 되어 다른 그룹으로 전달되기만 한다면, 처음엔 50명이었어도 100명, 1000명으로 퍼지기 마련입니다.

쓰다 그밖에 팬과의 유대를 강화시키는 어떤 노력을 하고 있나요?

마쓰다 연에 2회, 독자분들을 초대해서, 호텔 숙박을 동반한 이벤트를 개최했습니다. 호시노리조트를 한 동 빌려서 개최했는데, 숙박비와 교통비는 자기부담이었습니다. 통상 30만 원 정도인 숙박비를 10만 원 정도로 할인한 가격으로 모집했기에, 혹시 호시노리조트에 묵고 싶어서 참여한 사람도 있을지 모르겠네요. 하지만 이 이벤트를 통해서 좀 더 팬심을 높일 수 있을 것이라고 생각했습니다. 결과적으로 매회 200명 정원인 이 이벤트는 모집 개시 후 수 분 만에 매진이 됩니다.

저도 편집장으로서, 전국 서점을 돌며 세미나를 개최했습니다. 잡지에도 등장한 적 있는 정리수납 어드바이저 선생님과 함께 돌아다니면, 그 선생님의 팬도 보러 와주십니다.

쓰다 '관계자'를 보여주며, 친근감이 들도록 하는 것도 중요하네요.

마쓰다 편집자는 보이지 않는 무대 뒤에 있어야 한다는 생각도 물론 있습니다. 이전 레터스클럽에도 그러한 분위기가 있었죠. 하지만 관계자를 보여주면, 더 애착이 가지 않을까 생각했습니다. 그래서 편집자 사생활을 공개하는 기획도 했지요. 잡지를 만드는 사람들의 '바쁜 사생활'을 보여드리고 싶어서 실제로 코너를 만들었더니, 광고 요청이 올 정도로 인기를 끌었습니다.

또, 독자의 좋은 반응을 가시화해서 공유했더니, 편집부원이 각자 적극적으로 행동하게 되었습니다. 독자분의 자택에 가서 라이프스타일을 조사하는 것도 정규기획이 되었는데, 이 아이디어를 낸 것도 편집부원 중 한 사람입니다. 자신들의 아이디어 덕분에 판매부수가 늘었다는 것을 실감했을 거라 생각합니다.

쓰다 지금까지 들어보면, 마쓰다 씨는 편집장이라는 관리자의 입장이 아니라, 편집부원과 동일한 시선으로 팬들에게도 의견을 들는 자세를 일관적으로 취하고 있군요. 그것이 팀 빌딩으로 이어졌다고 생각합니다. 저도 네슬레 재팬에서 '네스카페 앰버서더'를 사업화할 동안, 어느 날 갑자기 제 팀이 만들어져 당황스럽기도 했는데요. 팬과의 대화를 통해 구성원과도 깊은 유대관계를 만들 수 있었습니다. 마쓰다 씨처럼 순수하게 '재미있고 새로운 것'을 팬이나 팀 구성원과 해나가려는 리더가 늘어나면, 사내에 좋은 팀도 늘어나지 않을까요?

마쓰다   생각해보면, 편집자로서 좋은 잡지를 만들고 싶다고 생각하는 동시에, 이 '팀을 재조직하고 싶다' 하는 욕구가 있었던 것 같습니다.

쓰다   둘 다 매우 순수한 동기네요. 그러니 사람들이 따르는 것 같아요.

마쓰다   원래 팀원들의 잠재력은 매우 높았습니다. 편집자로서 우수한 인재들입니다. 그래서 경이로운 속도로 개혁할 수 있지 않았나 생각합니다. '팀원의 좋은 점만 본다'는 것은 철칙으로 했던 건 정말 잘한 일 같아요. 하지만 편집부원들이 제게 어떤 감정을 품고 있었는지, 실제로는 알지 못합니다(웃음). 퇴사할 때 뜨거운 메시지를 담은 롤링페이퍼를 받았는데, 그것만 읽어보면 사랑받았구나 하는 생각이 듭니다.

쓰다   팬베이스는 단기간에 실천할 수 있는 것은 아닙니다. 함께 달려
가는 팀이 필요하죠. 팬과 마주하는 일이나 새로운 기획을 척척
해나가는 것은 즐겁지만, 익숙하지 않으면 꽤 소모적인 느낌이
듭니다. 마쓰다 씨 같은 리더가 앞장서서 팬과 교류하고, 진심
으로 그것을 즐기는 모습을 팀에게 보여주는 것이 중요합니다.

제3장

벤처와
스타트업에서
필요한
팬베이스

등장하는 기업 · 서비스

· 네스카페 앰버서더
· mineo
· 유글레나
· ADDress

이 장을 읽으면 알 수 있는 것

· 초기 팬의 열정을 어떻게 살려갈 것인가?
· 이상적인 '미래가치'를 팬과 어떻게 공유할 것인가?
· 당장 눈앞의 매출이 아니라, 중장기적 안목을 어떻게 가질 것인가?

1

네스카페 앰버서더 편

사무실에서도 맛있는 커피를!

쓰다 마사야스

전 네슬레 재팬, 현 팬베이스컴퍼니

아— 맛있다…

일하는 중에 마시는 커피 한 잔, 기분 전환에 딱이지.

내가 회사원이었던 시절 (2…25년 전!?) 커피라고 하면

인스턴트 커피

캔 커피

사장님이 사주심

이 정도였지요.

여러 사람 커피 타는 게 귀찮았다…

오예~

'사무실에서도 손쉽게 갓 내린 커피를 마시고 싶다!', 하는 꿈을 실현시킨 사람이 **바로 여기 쓰다 마사야스 씨**입니다.

안녕하세요—

진짜 꿈이었어요…

쓰다 마사야스(41세)
현 팬베이스컴퍼니 대표이사장/CEO
전 네슬레 재팬 E커머스본부 본부장
취미 만화 보기/음악 듣기

쓰다 씨가 만드신 게 '네스카페 앰버서더'라는 서비스지요.

네, 그렇습니다. 네스카페 제품사업부에 있었어요.

귀여워라♡

네스카페 엠버서더란?

NESCAFÉ 앰버서더®

일하다가도 맛있는 커피를 간단히 즐길 수 있는 서비스입니다.

회사 사무실을 포함한 다양한 장소에서 네슬레 상품을 정기구독하는 것으로, 커피머신을 무료 렌탈할 수 있다.

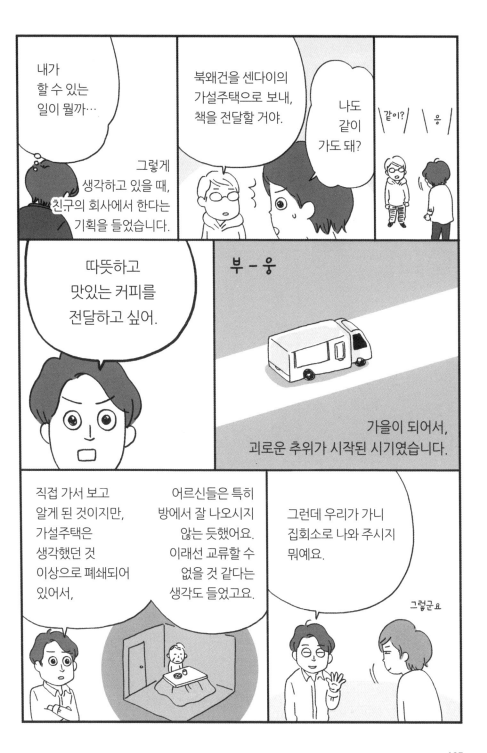

내가 할 수 있는 일이 뭘까…

그렇게 생각하고 있을 때, 친구의 회사에서 한다는 기획을 들었습니다.

북왜건을 센다이의 가설주택으로 보내, 책을 전달할 거야.

나도 같이 가도 돼?

같이?

응

따뜻하고 맛있는 커피를 전달하고 싶어.

부 - 웅

가을이 되어서, 괴로운 추위가 시작된 시기였습니다.

직접 가서 보고 알게 된 것이지만, 가설주택은 생각했던 것 이상으로 폐쇄되어 있어서,

어르신들은 특히 방에서 잘 나오시지 않는 듯했어요. 이래선 교류할 수 없을 것 같다는 생각도 들었고요.

그런데 우리가 가니 집회소로 나와 주시지 뭐예요.

그렇군요

125

쓰다 마사야스
(전 네슬레 재팬)

×

사토 나오유키

혁신적인 비즈니스 모델만으로는 충분하지 않다

간단히 따라할 수 없는 정서적 가치를 키우고,
팬의 목소리에 귀를 기울이는 것을 반복하다

사토 나오유키(이하 사토)

쓰다 씨가 '네스카페 앰버서더'를 만든 것이 2012년입니다. 저와 함께 팬베이스컴퍼니를 시작하기 전까지 약 7년간 서비스를 담당한 셈이네요.

쓰다 마사야스(이하, 쓰다)

2011년 가을, 모니터링 요원 모집 등의 프로젝트부터 시작해서, 작은 테스트를 반복하면서 2012년에 사업화했습니다. 처음엔 홋카이도 지역 한정으로 서비스를 개시했는데요. 당시엔 전문 부서도 없었고, 저를 포함한 직원 몇 명이 응모자에게 직접 커피기계를 전달하러 갔습니다. 그 후, 서서히 서비스 취급 지역을 전국으로 확대해갔고, 2013년에 드디어 전문부서가 생겼습니다. 저를 포함한 5명이 한 팀으로 서비스를 키워갔습니다.

사토 서비스 개시하고 나서 7년 만에(2019년 말) 누계응모수가 45만 건을 돌파했죠? 꽤 빠른 속도인 것 같은데, 쓰다 씨가 이 7년 동안 특별히 신경 썼던 부분이 있나요?

쓰다 앰버서더분과 확실히 연대하는 일입니다. 앰버서더분 말씀에 귀를 기울이고, 함께 생각해서 서비스를 진화시켰습니다. 어디까지나 앰버서더 한 분 한 분이 중심이고, 네슬레는 철저하게 서브 역할을 할 뿐입니다.

또 연 2회, 전국 회장에 수천 명의 앰버서더를 초대해 파티를 열거나, 100~200명 정도가 모이는 캠핑 이벤트 등, 팬과 함께 즐길 수 있는 이벤트도 기획했습니다.

숙박하는 캠핑을 하게 된 계기는 '회사 관계자나 다른 앰버서더와 이야기를 나누고 싶다. 파티 시간만으로는 너무 짧다' 하는 한 앰버서더분의 의견 덕분이었습니다. 음악 페스티벌을 기획할 때, '앰버서더와 함께 이벤트를 만들고 싶다'고 생각해 자원봉사자 스태프를 모집했더니 100명 정도의 앰버서더가 참가해주었습니다.

사토 이쯤되면 '고객'이 아니라 같은 동료네요. 다른 것도 있나요?

쓰다 와주신 분들에게 얼마만큼 인상적인 체험을 제공할 수 있을까 항상 생각했습니다. 파티회장에 마스코트 의상을 준비해, '마스코트와 1분 동안 하이파이브 많이 하기'에 도전해서 다함께 기네스 기록 달성하는 데 성공한 적도 있습니다. 네슬레 공장견학 버스투어를 하거나, 베트남 커피 농장투어, 요리교실을 열었던 적도 있습니다. 어느 것이나 돈이 드는 이벤트였지만, 인상적인 체험을 제공하기 위해서는 반드시 필요했습니다.

그렇게 앰버서더와의 접점을 늘려갔더니, 만족스러운 결과를 볼 수 있었습니다. 처음엔 커피머신 성능 등 기능적인 부분에 만족하던 사람이, 팬으로서 친구나 지인들에게 추천하기 시작했습니다. 자발적으로 이벤트에 참여하기도 했습니다. 마치 계단을 오르는 것처럼 팬심이 높아지는 것을 실감한 7년이었습니다.

'네스카페 앰버서더'는 많은 직장에 미소를 전달하고 있다.

감정이 있는 사람과 마주하는 것은 팬베이스의 기본

사토 팬과 서비스를 같이 만들어가는 것은 네스카페 앰버서더를 시작할 때부터 염두에 둔 것입니까?

쓰다 그렇습니다. 지금은 구독서비스의 대표적인 예로 언급되고 있지만, 처음엔 전자상거래사이트에서 커피 카트리지를 그때그때 구매하는 시스템이었습니다. 그래서 고객 이탈이 많았습니다. 앰버서더로부터 '매번 구매하는 것이 귀찮으니, 정기적으로 구매할 수 있는 시스템을 만들어줬으면 한다'는 의견이 계기가 되었습니다. 앰버서더분들과 미팅을 열어, '커피뿐만 아니라, 과자도 함께 살 수 있었으면 좋겠다' 하는 등의 의견을 받아 만든 것이, 2014년에 시작한 '정기배송서비스'입니다. 그래서 구독서비스모델도 앰버서더분들의 목소리에서 태어난 것이라 생각합니다.

다만 정확히 해두자면, 네스카페 앰버서더는 물론 저 혼자 만든 것은 아닙니다. 이 비즈니스모델의 기초를 생각한 것은 네슬레 재팬 전 사장이었던 다카오카 고조 씨입니다. 거기에 콘셉트나 정서가치를 더했던 것이 저와 팀원, 앰버서더라고 생각합니다. 혁신적인 비즈니스모델을 간단히 따라할 수 없도록 하기 위해서도 정서적인 측면은 필요하다고 생각하며, 앰버서더와의 '정서적 교류'를 한 것도, 성공의 큰 요인이었습니다.

사토 저도 앰버서더 캠프에 참가한 적이 있는데, 거기서 네스카페 앰 버서더에 대해 다시 생각하게 됐습니다. 솔직히 그 전까지만 해 도 새로운 비즈니스모델 정도로밖에 생각하지 않았거든요. 구 독서비스모델이기도 하고, 고객과 지속적으로 연결되어 팬을 늘려나간다는 면에서요.

하지만 평범한 시스템이었다면, 예를 들어 캠프에서의 압도적 인 유대감은 나오지 않았을 거예요. 감정을 가진 '팬'과 마주하 고, 어느 쪽이 기업이고 팬인지 알 수 없을 정도로, 평등한 관계 로 참가할 수 있는 이벤트는 여태껏 본 적이 없었습니다. 이 친 밀감, 일체감이 팬의 입장에서는 가장 기쁜 것입니다.

쓰다 캠핑에서 스태프가 딱딱하게 행동하면, 고객은 언제까지나 편 안할 수가 없으니까요(웃음). 참여하는 사람 입장에서 가장 마 음이 편해지는 공간을 만들려고 항상 유의했습니다.

사토 감정이 있는 인간과 마주하는 것은, 팬베이스의 기본입니다. 마 케터는 어딘가에서 사람을 움직이게 할 수 있다고 생각하기 때 문에, 사람을 물건이나 데이터로 생각하기 쉽습니다. 애초에 감 정 있는 인간을 그렇게 대한다는 게 무리가 있습니다.

사람과 마주한다고 하더라도, 결과로 숫자가 따라오지 않는 일도 있습니다. 팬과 유대관계를 이어가고 싶지만, '결과를 내지 못하면 예산을 줄 수 없다'고 해서 힘들어하는 마케터도 많겠죠. 네스카페 앰버서더는 그 허들을 어떻게 넘었습니까?

쓰다　원래 네슬레에는 종업원을 포함해 '사람'을 소중히 여기는 문화
가 있습니다. 직원뿐만 아니라, 고객과의 관계성을 굉장히 중요
하게 생각합니다. 그리고 돈을 들이지 않고 고객과의 만남으로
도 할 수 있는 것은 매우 많이 있습니다. 앰버서더를 만나 이야
기를 듣는 것도 그 중 하나죠. 방법만 바꾸면 되는 것입니다.

사토　돈을 들이지 않는 방법을 생각하지 못하는 사람은, 사실은 하
고 싶어 하지 않는다는 건가요?

쓰다　기획서를 쓴 것만으로, 다 했다고 생각하는 건 아닐까 합니다.
중요한 것은 어떻게 해서든 '자신이 하고 싶은 것을 끝까지 마
무리 짓는 것'입니다. 돈을 들이지 않고도 사업을 확장하는 법
에 대해 궁리해볼 수도 있고, 핵심 인물을 설득하거나, 주변 사
람들을 끌어들이는 것도 아이디어에 따라서 분명 가능할 것입
니다. 네스카페 앰버서더에 회의적이었던 네슬레 직원이 열광적
인 파티에 참가한 뒤, 사내 응원단이 된 사례도 몇 번이나 봤습
니다.

기업이 의도적으로 설계한 설문조사는 아무 의미 없다

사토　신규사업을 시작할 때, 아직 구매하지 않은 사람을 어떻게 하면 구매하도록 할까 하는 조사를 하거나, 데이터를 분석하는 기업도 많잖아요.

쓰다　사실은 신규 지원자를 늘리기 위해서 '왜 앰버서더가 되지 않는가?' 하는 조사를 실시한 적 있습니다. 아무것도 모르는(웃음), 앰버서더의 '앰'도 모르는 사람에게, 기업의 의도대로 설계한 설문을 실시한다면 아무 의미 없습니다. 애초에 아무것도 모르니까요(웃음). 부정적 답변만 있는 설문조사는 봐도 울적할 뿐입니다. 신규사업을 하는 쪽은 단지 '자신감'이 필요한데 말이죠.

오히려 참고가 된 것은 앰버서더가 자유롭게 사진이나 글을 올릴 수 있는 게시판이었습니다. 이것을 만들었더니, 의외의 사실을 알게 됐습니다. 사무실뿐만 아니라, 병원, 대학, 종교시설, 소방서에서도 네스카페 앰버서더 서비스가 도입되어 있었던 것입니다. 소방서 앰버서더분께 이유를 물었더니, '미신이긴 하지만 웬만하면 불을 쓰고 싶지 않아서' 하고 대답했습니다. 특수한 직장이라도, 그들에게는 그곳이 사무실이니까요.

게시판을 읽고 있으니, 커피머신을 둘러싸고 미소가 번지는 모습이 눈에 선합니다. 직접 보진 않아도 고객의 얼굴이 보여요. 여기는 '보물섬'이라는 생각이 들었습니다. 글을 읽고 좀 더 자세한 이야기를 듣고 싶으면 직접 가면 됩니다. 수천만 원이나 들여서 의도가 뻔한 설문조사를 불특정다수에게 실시한들 아무것도 얻지 못할 것입니다.

그리고 또 중요한 것은 '깊은 팬심'입니다. 서비스 개시 초기, 아직 아무것도 모르는 불충분한 상태에서 앰버서더가 되어준 분들은 그것을 충족시켰던 것 같습니다. 신규 사업을 발전시켜가려면 힌트가 필요하며, 관심이 지대한 10명의 이야기는 그렇지 않은 1000명의 이야기보다도 큰 힌트를 줄 수 있습니다. 팬과 마주하기 위해서는 '속도'도 중요합니다. 단 한 사람의 의견이라도 좋으니, 팬이 기뻐할 수 있는 일이라면 바로 움직이세요. 그리고 다양한 것을 만드는 것도 자신부터 즐기는 것이 중요합니다.

사토 '손님은 왕이다'라는 개념이 있는 옛 기업에서는, 앰버서더가 떨어진 커피를 보충하고 수금도 하는 시스템을 결코 '있을 수 없는 일'이라고 생각할 것입니다. 하지만 네스카페 앰버서더는 그 사고방식을 뛰어넘었습니다. 이렇게 유저가 품을 들여 다양한 일을 해줄 것 같다는 가능성이 보였던 적은 언제부터였습니까?

쓰다 2011년에 최초로 모니터링 조사를 실시했을 때입니다. 50명을 모집했는데, 그중 커피머신에 이름표를 붙인 사람이 몇 명 있다는 사실을 알게 됐습니다. 커피머신을 회사가 보내주는 '도구'

로서가 아니라, '반려동물'과 같은 존재라고 생각해주었습니다. 그런 이미지가 있었기 때문에, 앰버서더 사업을 본격화했을 때, '민폐를 끼친다'는 느낌이 아니라, 수고로움도 회사와의 유대관계 형성에서 오는 즐거움이나 뛰어난 커피 맛으로 극복할 수 있지 않을까 하고 생각했습니다. 우리는 '즐거움'을 위해 다양한 툴을 제공했습니다.

사토 팀 구성원도 쓰다 씨와 동일한 생각을 가지고 있었나요?

쓰다 처음부터 모두에게 '한결같이 앰버서더의 의견을 듣자'고 계속 말했습니다. 이 자세는 사업이 커져가도 바뀌지 않았습니다. 팀 구성원을 뽑을 때도 경험의 유무에 상관없이, 고객의 목소리를 잘 들을 수 있을까, 사람을 좋아하는가 같은 자질만을 중시했습니다. 사람을 좋아하지 않으면 지속할 수 없는 일이니까요. 서비스업이란 원래 전부 그렇지 않나요(웃음).

사토 사람을 좋아한다는 것은 팬베이스를 실행해가는 입장에서 정말 중요한 자질이군요.

쓰다 캠핑이야말로 그 자질의 극치를 보여주는 이벤트입니다. 참가한 앰버서더분과 함께 춤을 추기도 했고, 진심으로 즐겼습니다. '내가 준비한 것을 팬이 즐겨주는 것' 하나만으로도 가슴이 벅

찰 거라고 생각합니다.

사토   팬은 기업과 함께 즐기고 싶어 하죠. 직장에서 네스카페 커피를 마시는 게 다가 아니거든요. 그럼에도 불구하고, 예를 들어 지금까지 이벤트는 '커피를 마시고 끝'이라는 데 생각이 멈춰 있었습니다.

그것보다도 팬은 감정이 있는 '사람'이라는 사실을 정확히 파악하고, 함께 즐길 수 있어야 합니다. 처음엔 소수의 인원이라도 좋습니다. 작은 규모로 시작하는 것도 상관없습니다. 네스카페 앰버서더는 바로 작게 시작해서, 오래도록 사랑받으며, 팬과 함께 즐길 수 있는 서비스로 성장했습니다. 오래도록 사랑받는 새로운 서비스를 만들기 위해서는 어떤 게 중요하다고 생각합니까?

쓰다   먼저 '누구를 어떻게 미소 짓게 하고 싶은가?' '회사에 어떻게 도움이 될 것인가'를 생각해야 합니다. 팬과 서비스를 만들어가면서, '누군가의 도움이 되고 싶다'고 생각하는 사람이 이렇게나 많구나, 새삼 깨달았습니다. 앰버서더에 참여하는 이유 중 '직장 동료들이 기뻐하니까' 한다는 의견이 많았습니다.

그리고 서비스를 론칭한 후에도 착실하게 '팬의 의견을 경청'해야 합니다. 그러기 위해서는 팬과 언제라도 이야기할 수 있고, 만날 수 있는 시스템을 만들어둬야 하죠. 그리고 교류를 지속

해나가면서 팬심을 높이는 구조 역시 중요합니다. 이것들을 중장기적으로 실천해야 비로소, 핵심 지지기반이 만들어지고, 팬이 새로운 앰버서더를 불러오는 선순환이 이뤄진다고 생각합니다.

네스카페 앰버서더를 시작하기 전에는 '누가 이용할는지 명확히 보이지 않아' 하고 말하면서, 우리의 얼굴도 보여주지 않았습니다. 기업은 자신들의 서비스를 감정을 가진 '사람'이 이용해주길 바랍니다. 그러니 힘들더라도 기업의 사람들 역시 앞으로 나와야 한다고 생각합니다. 고객들을 직접 마주하지 않으면 안 된다고 생각합니다. 그것이 진정한 '서비스'입니다. 사람을 만나는 일은 시간과 품이 듭니다. 그것들이 없는 서비스에는 미래가 없다고 생각하며, 담당하는 사람도 전혀 일을 즐기지 못합니다. 새로운 서비스를 시작할 때에 무엇보다 염두에 둬야 할 포인트라고 생각합니다.

2

mineo 편

독자적 서비스가 빛나는 알뜰폰 통신사

우에다 아키호

전 옵티지, 현 간사이전력

원래 mineo에서 팬베이스를 하려고 생각한 계기가 있나요?

저도 mineo 유저였는데, 아이폰을 업그레이드했을 때 통신이 안 되는 에러가 발생한 적 있습니다.

이거 큰일인데.

하지만 mineo의 커뮤니티사이트 '마이네오'에는 그 해결법을 유저분들이 자원해서 업로드해놨더라고요.

○○ 마이네오

팬과 유대관계가 굉장하다! 이건 고객을 뛰어넘은 관계야!

감동

이 팬분들이 mineo의 보물이라고 느꼈으며, 소중히 해야겠다고 생각했습니다.

'보물'이라니ㅡ

멋진 말씀이네요!

그렇게 말은 했어도 고민거리도 많았습니다. 바로 그때 만난 것이 이 책입니다.

사토 나오유키
팬베이스
CHIKUMA SHINSHO

사토 나오유키의 저서

아,

이렇게 해도 되는 걸까.

팬베이스를 진행할수록 시간과 품이 든다.
하지만 책에 적혀 있었던 '의식의 전환'이
마음의 버팀목이 되어줌.

• 시간이 걸린다 → 차분히 '시간을 들이고 싶다'
• 품이 들다 → 진지하고 신중하게 '공을 들이고 싶다'
• 손을 놓지 못하다 → 즐거우니까 '손을 놓고 싶지 않다'
• 효율적이지 못하다 → '좀 더 노력을 기울이고 싶다'

고민들이 싹 가시고, 자신감이 생겼습니다!

mineo의 브랜드 슬로건은

Fun with Fans!

팬과 함께 즐기며, 새로운 서비스, 커뮤니티, 미래를 만들다.

행동지침은

mineo way

1. 심플하고, 정직하게, 누구에게나 성실하자
2. 공유하고, 공감하고, 동료와 함께 만들어가자
3. 전례 없는 미래를 향해 스스로 도전하자

긍정적이고 느낌이 좋네요.

사실은 옛날에 약관에는 쓰여 있긴 했는데, 팬에게 사전에 알리지 않고, 이미지 압축 등을 실행한 일이 있었어요. 많은 논란이 되었던 괴로운 경험이 있었죠.

그것을 계기로 한 가지 맹세를 했습니다.

생생한 경험담이네 ….

고객은 브랜드를 함께 만드는 동지! 동료! 친구!

회사와 팬의 관계를 정의하는 것이 중요하다.

좋은 일이 생기면 알리고, 그렇지 않은 일이라면 사과하는 사이. 그런 관계라는 것을 처음부터 정의해서 명시하는 것이 가장 중요하다고 생각합니다.

* 상품이나 서비스를 구입한 것으로부터 얻을 수 있는 가치 중시 소비 경향.

** 상품 소유를 중요시하는 소비 경향.

감동
이에요!!

애마
(스쿠터)
에

스티커
(자작)를
붙여서
평생 홍보할
거예요!!

정말
사랑받고
있네요.

흐뭇

부르르릉

마이네오에는 '우에다 씨를 기다린다'며
즐겁게 글을 쓰는 분도 많은 듯했고,

퇴직할 때는 팬으로부터 메시지나
감사장을 받은 일화도 있습니다.

과분할 정도로
고맙다는 표현은
이럴 때 쓰는구나
하고 느꼈죠.

감사장
우에다 아키호 님

우에다 씨
아직
안 왔나...

공동가치나
고객주의 같은 말은
흔하게 쓰지만,
정말로 뼈저리게
느끼고 납득이 갈 만큼
실천하지 않으면
실속 없는 것이
되어버립니다.

'브랜드로서
확실히 행동하고
있는가?'
그런지 아닌지
팬분들은
다 압니다.

마치 교장선생님의
말씀처럼 우에다 씨의
말이 가슴 곳곳에
스며들었습니다.

mineo

우에다 아키호
(mineo)

×

쓰다 마사야스

**저렴한 가격만이 아닌 독자적 가치를
만들다**

정서적, 사회적 가치를 추구하며,
팬의 손에서 서비스가 태어나고 진화하다

쓰다 마사야스(이하 쓰다)

mineo(마이네오)는 저렴한 스마트폰과 SIM 브랜드입니다. 통신
서비스처럼 실생활에 빠질 수 없는 인프라 분야에서도 팬베이
스를 실천할 수 있는 좋은 예로, 이번엔 우에다 씨에게 이야기
를 들어보도록 하겠습니다.

우에다 아키호(이하 우에다)

저는 2016년 7월부터, 간사이전력의 통신자회사인 케이옵티콤
(현 옵티지)으로 이동해, mineo의 책임자로서 근무하고 있습니
다. MVNO(사강이동체통신사업자)라고 일컬어지는 알뜰폰 통신
서비스 사업자는 국내에 무려 1000곳 이상 있습니다. MVNO는
대형 통신사에 비해 설비투자나 매장 운영비가 적게 들기 때문
에, 통신료를 저렴하게 제공할 수 있다는 것이 세일즈포인트입

니다. 요금만으로 승부를 보기에는 경쟁사의 서비스와 차별화하기 어렵습니다. 그래서 mineo는 팬과 공동가치를 만들어가는 독자성을 내세워, 유일무이한 브랜드를 목표로 해왔습니다. 제가 취임했을 당시에 MVNO 시장에서 mineo의 점유율은 5% 정도였습니다. 그것을 3년 동안 9%까지 끌어올렸습니다. 애초에 스마트폰 시장 전체 90%를 NTT도코모, au, 소프트뱅크의 3대 통신사가 차지하고 있고, MVNO 점유율은 겨우 10% 정도입니다. 그럼에도 불구하고, 이렇게 크게 성장할 수 있었던 것은 다 mineo를 선택해주신 유저분들 덕이라고 생각합니다. 감사할 따름입니다.

쓰다   팬과 공동으로 가치를 만드는 일이 중요하다고 생각하게 된 계기를 알려주세요.

우에다   제 개인적인 계기는 과거(책임자가 되기 전)에 일개 유저로서 mineo의 통신장애를 겪었을 때였습니다. 아이폰 업데이트를 했더니 통신이 안 되는 일이 있었죠. 그때 mineo가 운영하고 있는 커뮤니티사이트를 살펴봤더니, 코어유저분들이 솔선수범해서 통신장애를 해결하기 위한 매뉴얼을 올려주시는 거예요. 서비스를 제공하는 사업자, 비용을 지불하고 서비스를 이용하는 유저의 관계를 넘어, mineo만의 가치가 존재하고 있다는 것을 깨닫고는 감동했습니다. 이런 '동료' 같은 관계를 소중히 하고 싶었습니다. 유저야말로 mineo의 보물이라고 생각했습니다.

쓰다   그 감동을 mineo의 책임자가 되고 나서 더욱 심화시켜간 거군요.

우에다   저의 실제 경험으로 팬과 공동으로 가치를 창조한다는 생각은 틀리지 않았다고 확신했습니다. 중요하게 생각한 것은 고객 만족도입니다. 그것이 높아지면 다른 사람에게 추천해주고 싶어지기 마련입니다. 유저가 다른 유저를 끌어온다는 말입니다. 그 것이 해약률을 낮춰주는 역할도 한다고 생각합니다.

처음에 염두에 두었던 것은 고객지향, 팬퍼스트(팬이 먼저)라는 말입니다. 이것은 피터 드러커를 비롯해, 여러 비즈니스서적에도 나옵니다. 이 팬퍼스트 전략을 실행해보고 싶어서, mineo로 이동을 자원했습니다. 머릿속으로 생각하고 있던 것이나 공부하고 있던 것을 실천할 기회가 되긴 했어도, '이렇게 해도 괜찮나?' 하는 걱정도 있었습니다.

쓰다   고객 만족도를 높이기 위해서, 어떤 일부터 시작했나요?

우에다   우선은 브랜드슬로건인 'Fun with Fans!(팬과 함께 즐기며, 새로운 서비스, 커뮤니티, 미래를 만들다)'가 지켜지도록 노력했습니다. 서비스가 커지거나, 담당자가 바뀌거나 하면, 부지불식간에 방향성이 바뀔 위험성이 있습니다. 그래서 mineo 팬과의 관계를 슬로건이나 행동지침으로서 명문화하여, 일관성을 가지도록 했습니다.

동시에 mineo 서비스로서의 가치를 기능적 가치, 정서적 가치, 사회적 가치로 구분해 피라미드화했습니다. 기능적 가치로서는 편이성과 품질을 들 수 있습니다. 예를 들어 품질을 가시화하기 위해, mineo에서는 통신속도를 시간마다 날씨 마크로 표시하고 있습니다. 이를 도입한 이유는 '알뜰폰 통신사는 온종일 통신속도가 느리다' 하는 이미지가 있기 때문이죠. 가능한 한 통신속도를 알기 쉽도록 표시하고 싶어, 포털사이트의 24시간 일기예보를 참고해 시간대별 속도를 표시했습니다. 알뜰폰 통신 업계에서, 이것을 실행하고 있는 회사는 mineo뿐입니다.

또, 유저의 생생한 목소리도 리뷰로서 표시하고 있습니다. 우리는, 예를 들어 별점 한 개밖에 받지 못한 평가라도 숨기거나 하지 않습니다. 검토하고 있는 사람이, 그 쓴소리를 보고 어떤 부분이 애로사항인지 참고하고 싶어 하기 때문입니다.

쓰다   굉장히 성실한 자세네요. 정서적 가치를 높이는 시책에는 어떠한 것이 있습니까?

우에다   유저를 위한 커뮤니티사이트인 '마이네오'에서의 소통입니다. 2015년 1월에 만들어졌고, 제가 취임하고 나서 더욱 내용을 강화했습니다. 사이트 내에는 스태프블로그나 아이디어팜 등 9가지의 콘텐츠가 있습니다. 스태프블로그에는 mineo 담당자가 번갈아가며 글을 올리고 있습니다만, 서비스 정보뿐만 아니라, 그 이면의 생각도 담도록 하고 있습니다.

또, 유저가 글을 올릴 수도 있어서 교류의 장이 되어 있습니다. 게다가 스태프블로그라는 명목을 내세웠지만, 유저에게 글을 부탁하기도 합니다. 예를 들어, 스마트폰에 대해 잘 아는 유저에게 '스마트폰을 살 때 체크포인트'나 '전화서비스'에 관한 글을 받기도 했습니다.

쓰다   커뮤니티사이트가 활발해지면, 오프라인에서 팬 이벤트를 하자는 얘기가 나오지 않나요?

우에다   네, 그렇습니다. '오프 모임'은 전국 각지에서 지금까지 30회 이상 실시했습니다. 매회 10~20명을 초대해서, mineo의 현재 상황이나 미래에 대해 토론을 했습니다. 미발표 서비스에 대해 의견을 듣기도 했습니다. '팬 모임'은 규모가 큰데, 최대 100명을 초대해 mineo에 대한 퀴즈대회도 열었습니다. 모든 이벤트에 참여하는 교통비는 참가자 자비 부담이지만, 매번 먼 지방에서 참가하러 오는 사람도 있습니다.

특별하게는 장기 이용자를 위한 이벤트를 열기도 했습니다. mineo의 테마 컬러인 녹색을 사용한 음식이나 음료를 준비하고, 스태프가 직접 쓴 메시지 카드를 선물하는 등, 진심을 다해

대접하려고 노력했습니다. 또, 독신인 유저를 위한 발렌타인파
티를 기획하기도 했습니다. 유감스럽지만 여기서 있었던 만남을
계기로 사귀거나, 결혼을 한 사람은 없는 듯하지만요(웃음).

쓰다　비슷한 기획을 저도 네슬레 재팬 재직 당시에 해본 적 있습니다
(웃음). 커뮤니티가 활성화되면, '여기서 커플이 탄생하는 건 아
닐까?' 하고 무심코 생각하게 되죠. 온오프라인의 융합은 굉장
한 가치가 있다고 생각합니다.

우에다　커뮤니티사이트에도 다양한 사람이 있지만, mineo를 선택했다
는 가치관은 동일합니다. 특정 연예인의 팬이 되는 것과 큰 차
이가 없다고 생각합니다.

팬이 만들어낸 재해지원탱크

쓰다　사회적 가치에 대해 여쭤보겠습니다. 스마트폰을 통해서, 어떻
게 해야 사회나 사람에게 도움이 되는 경험을 할 수 있을까요?

우에다　내 지식이 누군가에게 도움이 되었으면 한다는 유저가 많은 것
도 mineo의 특징입니다. 저도 스마트폰에 문제가 생겼을 때 이
용한 적 있는, 커뮤니티사이트의 'Q&A'는 꽤 인기 콘텐츠가 되

었습니다. 질문에 답하는 것은 베테랑유저입니다. 어떤 시간대라도 질문을 올리면, 반드시 누군가 답을 해줍니다. 총 답변 수는 1만 건 이상이나 됩니다.

쓰다　유저분들끼리 의견이 갈리기도 하나요?

우에다　재미있는 사실은, 언제부턴가 답변을 하는 유저끼리 암묵적으로 역할을 분담하고 있는 듯합니다. 이런 질문에는 이 사람이 답을 해주기로 한 것처럼요. 서로 존중해주는 모습을 볼 수 있죠. mineo 콜센터에서도 전화나 채팅으로 질문에 대한 답을 하고 있지만, 전체의 약 10%의 질문이 Q&A로 들어오고 있습니다.

또, '아이디어팜'이라는 콘텐츠를 통해서, 유저가 원하는 서비스를 계속 제안받고 있습니다. 지금까지 약 4500건이나 되는 아이디어가 접수되었고, 그 중 10%가 이미 실현되었습니다.

그리고 mineo다움이 가장 잘 표현된, '프리탱크'라는 제도입니다. 남은 데이터를 이 가상 탱크에 저장해두고, 모자라면 1GB까지 꺼내 쓸 수 있습니다. 해당 월에 다 쓰지 못한 데이터를 다음 달로 이월할 수 있지만, 다다음달에는 적용되지 않습니다. 그것이 아깝다고 생각해 시작한 서비스입니다.

쓰다　굉장히 흥미롭네요. 이것은 mineo 독자적인 서비스인가요?

우에다　네, 다른 경쟁사에서 도입했다는 소리를 들어본 적 없어요. 왜 하지 않느냐? 통신사에게는 한 푼도 돌아가는 게 없으니까요. 남은 데이터가 사라져도, 통신사에게는 아무런 영향도 없습니다. 하지만 mineo에서는 남은 데이터를 주고받을 수 있게 해서, 유저끼리 마음을 주고받을 수 있기를 바랐습니다.

재해가 발생했을 때, 이 탱크는 '재해지원탱크'로 바뀝니다. 피난소에서는 정보를 얻기 위해 평소보다 많은 데이터가 필요합니다. 그래서 재해가 발생한 지역을 대상으로 이 탱크를 개방해, 한 사람당 최대 10GB까지 꺼내 쓸 수 있도록 했습니다. 지금까지 6번 개방됐으며, 총 15만 명이 이용했습니다. 2018년에는 지진이나 폭설, 태풍 등 자연재해가 많이 발생했기 때문에, 정말 많은 분들이 이용했습니다.

mineo의 독자적 서비스인 '프리탱크'.

쓰다 굉장하네요. 사람들의 다정한 마음에 감동했어요. 재해로 많은 사람들이 쓰는 바람에 프리탱크 데이터가 바닥날 걱정은 없나요?

우에다 2018년 9월에 발생한 홋카이도지진 때는, 일본 전국에서 자신의 데이터를 써달라는 유저가 많이 있었습니다. 프리탱크에 데이터를 넣으면서 '지난달에 많은 도움을 받았습니다. 보답하고 싶습니다' 하고, 마음담은 글을 남기는 사람도 적지 않습니다.

사실은 재해지원탱크를 시작한 것도 구마모토지진 발생 직후, '이재민들이 프리탱크를 사용할 수 있도록 해주세요' 하는 팬의 요청이 계기였습니다. 당초엔 일시적으로 개방했을 뿐이지만, 이후엔 피해를 입은 지역 이재민이 사용할 수 있도록 시스템을 정비해갔습니다.

데이터를 사용한 기부 프로젝트도 시작했습니다. 동일본대지진에서 피해를 입은 센다이시 연안지역 수목을 재생하고, 보호하는 '고향의 숲 재생 프로젝트'를 시작했습니다. 1회 10mb로 최대 10번까지 기부할 수 있고, 이렇게 모인 데이터의 총량 1000mb마다 묘목 한 그루에 상당하는 5000원을 기부하는 방식입니다. 최종적으로는 묘목 160그루 분의 데이터가 모였습니다.

쓰다 기능가치, 정서가치, 사회가치 모두가 확실히 갖춰졌으며, 점차 팬과 함께 진화해가고 있군요. mineo는 틀림없이 팬베이스를 실천하고 있는 브랜드네요. 우에다 씨가 생각하기엔, 어느 시점에서 팬과 서비스의 관계가 빠르게 형성됐다고 보시나요?

우에다 프리탱크야말로 mineo의 기업이념을 잘 반영했다고 생각합니다. 올라오는 글을 읽어보면, 그저 단순히 데이터가 공짜라는 이유로 이용하는 사람은 그리 많지 않다고 느꼈습니다. 정말로 난처할 때만 쓰려는 사람도 많고, 실제 이용자는 전체의 10~20% 정도입니다. 하지만 '프리탱크와 함께 올라오는 글을 읽는 것이 좋은 사람'이나, '프리탱크에 모으기 위해서, 데이터를 아껴쓴다' 하는 사람도 있습니다. 팬베이스를 실천한 결과, 고객 만족도도 고객 충성도도 소개율도 올랐으며, 해약률은 내렸습니다.

쓰다 수단이 목적이 되어 실패하는 경우도 종종 볼 수 있습니다. 커뮤니티사이트를 시작해보고 싶지만, 그것이 자사 고객에게 적합한지 충분히 검토하지 않는 경우 등입니다. 그 점에서 mineo는 처음부터 브랜드슬로건을 확실히 정했기에, 순조롭게 진행되지 않았나 생각합니다.

우에다 브랜드나 조직은 윗사람들이 어떻게 행동하느냐에 따라 좌우됩니다. 그것을 문서로 남겨둠으로써, 생각이나 개념이 바르게 정립되어 가지 않을까요? 그래서 저도 다양한 상황에서 언행일치를 실천하려고 항상 명심합니다. 가장 중요한 것은 신념입니다. 흔히들 공동가치창조나 고객지향이라는 말을 하지만, 진정한 공동가치창조와 고객지향이란 무엇일까요? 그것을 깊이 생각해서, 자신의 신념으로서 언어화하고, 스스로 수긍할 수 있을 때까지 실행하지 않으면, 껍데기만 있는 공동가치창조나 고객지향이 될 것입니다.

그 신념을 조직구성원들에게도 공유하기 위해, 행동지침을 인용하면서 이야기하거나, 정직하게 대응하는 것의 필요성을 반복해서 설명하고 있습니다. 입에 신물이 나도록 계속 말하지 않으면, 생각만큼 전해지지 않습니다.

쓰다 간사이전력그룹처럼 거대한 조직이라면, 다른 조직문화에서 일하다가 이동해오는 일도 종종 있을 거라고 생각합니다. 반발은 없었나요?

우에다 'mineo라는 브랜드는 이런 것이다' 하고 이해받는 수밖에 없었습니다. 술자리에서나 말할 수 있는 어려운 분위기는 만들지 않았으며, 평소에 스스럼없이 말할 수 있도록 했습니다. 커뮤니티사이트에 투고하는 기사나 댓글, 유저에게 메일로 회신할 때도, 동일한 톤앤매너를 유지하려 애썼습니다.

커뮤니티사이트에는 매년 브랜드책임자로서 새해인사를 올리고 있는데, 어떠한 문장을 쓸지 시간을 들여 충분히 생각하고 있습니다. 브랜드가 발신하는 문장이 제대로 되어 있지 않으면, 순식간에 유저로부터 간파당합니다. 게다가 저 혼자만 mineo에서 일하는 것이 아닙니다. 유저와 직접 소통하는 콜센터직원도, 커뮤니티사이트에서 유저에게 답글을 올리는 직원도, 모두가 mineo 사람입니다. 유저와는 다양한 접점이 있으며, 모두 일관된 대응을 하려 주의하고 있습니다.

쓰다　굉장합니다. 뭔가 우에다 씨가 mineo커뮤니티의 교장선생님처럼 보였어요(웃음).

우에다　실제로 제가 mineo를 떠날 때, 팬분들이 '졸업식'을 열어주셨어요(웃음). mineo에 있을 때는 언제나 커뮤니티사이트를 보고 있었는데요, '우에다 씨라면 이렇게 말했을 듯' 하고 글을 적는 유저도 있었고, 콜센터 대응에 대해서 제게 보고하던 유저도 있을 정도였습니다.

쓰다　팬이 스스로 회사의 예상을 뛰어넘은 것이 정말 흥미롭네요.

우에다　네, 언제나 뛰어넘습니다.

쓰다　팬의 사랑으로, 서비스가 스스로 진화해가는, 그것이 서비스를 다루는 진정한 재미죠. 팬이 브랜드를 통해 실현하고 싶은 것을 교통정리해서, 실현해가는 것이 기업의 본래 역할이라고 생각합니다. mineo가 실천해왔던 것은 많은 서비스제공기업 입장에서 굉장히 참고가 될 것이라 생각합니다.

3

유글레나 편

유글레나로 사회에 공헌하자!

나가타 아키히코

유글레나

2005년 12월에 식용 유글레나의 옥외대량배양기술의 확립에 성공했습니다!

회사는 2012년에 마더즈*에 상장했고, 2014년에 도쿄증시1부**에 상장했습니다.

도쿄대학 출신의 벤처기업 최초 도쿄증시1부 상장기업입니다.

상장하기 전에는 유글레나를 원료로 해서 BtoB로 OEM 공급이 메인 사업이었지만, 상장을 계기로 이른바 통신판매사업이 되어

OEM공급이란… 주문자의 상표명으로 제조하는 방식

이때부터 비즈니스 모델이 바뀌었습니다.

우리의 브랜드로

ユーグレナ ∞
いきる、たのしむ、サステナブる。

우리의 고객을 가지다

통신판매사업으로 바뀐 단계에서 더욱 '팬'을 의식하는 일이 많아졌나요?

그렇습니다.

소비자에서 팬으로 바뀌는 시점이 다양할 것이라고 생각하지만

* 일본 벤처기업 대상 주식시장.
** 도쿄증권거래소를 구성하는 주식시장 중 하나로, 우량기업이 상상되어 있다.

167

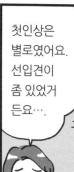
첫인상은
별로였어요.
선입견이
좀 있었거
든요….

뭐
그때는 서로
어렸죠

그…
그랬군요—

저는 처음 투자회사에서
유글레나를 담당했습니다.
유글레나에 제 자원을
상당히 할애했죠.

그렇게까지
한 이유라도
있나요?

역시 직장인
2년 차인 저를
사외이사로
추천해주시고,
받아주셨기
때문이죠.

물론 이즈모 씨는
담당이 제가
아니었으면
했을 겁니다. 베테랑
캐피탈리스트분들이
많이 있으니까요.

그래서 제가
사외이사가
되는 것이
이사회에서
통과됐을 때

절대로 실망시키지 않겠다,
사외이사로 받아준 이즈모 씨를
영웅으로 만들고 싶다,
그런 생각이 강했습니다.

내가 '이렇게 되고 싶다'보다

'타인을 위해 뭔가 하고 싶다'

나가타 씨는
이런 타입이군요.

나중엔 역시…
유글레나를
좋아해주시는 분들을
절대로 배신할 수
없다는 생각도
했습니다.

흠흠

하지만
회사가 잘 나가니
팬분들의 목소리를
조금 경시하고
있진 않은지
되돌아보게
되더라고요.

169

그래서 이런 것들을 다시 검토했습니다.

- 유글레나에 관한 인간 임상시험 재실시
- 페트병 사용 중지
- '방글라데시에 쿠키를 전달하기 프로젝트 마크'를 상품에 다시 붙이기

이것들은 매출에 직접 관계가 있는 것이 아니기 때문에 솔직히 좀 어려운 부분이 있지만, 유글레나가 제대로 돌아가고 있는 느낌이었습니다.

그렇군요. 그래서 지금 나가타 씨는 홀가분한 것이군요.

팬을 '매출의 숫자'처럼 생각하는 것은 절대 피하고 싶습니다.

진짜 '사람'이 구매해주는 것이라는 인식을 사내에 확립시키는 게 필요합니다.

직접 팬분과 만나는 이벤트 방법이나 주주총회 형식도 바꾸었습니다.

유글레나는 개인주주가 많은 것 같던데요.

네 맞습니다. 하지만 솔직히 총회는 대관비도 필요하고, 운영을 위한 인원과 시간도 필요하니, 가능한 규모를 줄이려 했습니다.

8만 명 이상 있습니다

하지만 반대로 '주주 참여 수를 늘리는 것'을 KPI로 했습니다.

이즈모 사장의 이야기를 직접 듣고

역시 이 회사를 지지하길 잘했어…

주주들이 그렇게 생각하도록 만들 것.

그리고 주주에게 직접 전해지는 것이 대단히 중요하다고, 동료들이 생각할 수 있도록 만드는 게 중요합니다.

상위 고객 20%가 전체 매출의 80%를 차지한다

이 20%에 대해서 '우리다움'을 추구하면, 매출은 분명 상승합니다.

이러한 사실을 알았으면 해서, 동료에게 1만 자 메일을 쓴 적 있습니다.

1만 자요?!

20%

80%

결국 20%의 코어 고객이 전체 매출의 80%를 만든다는 말입니다만

파레토의 법칙

확실히 2018년과 지금은 사내 분위기가 전혀 다릅니다.

'팬을 소중히 여기자'라는 생각은 메일로 충분히 전해졌습니다. 지금은 당연하게 생각하고 있죠.

저는 주주총회 담당이었기 때문에, 큰일났다고 생각은 했지만, 주주나 고객을 만나 많은 사람들로부터 지지를 받고 있다는 사실을 피부로 느꼈고, 힘을 낼 수 있는 원천이 되었습니다.

취재에 동석해준 광고홍보부 아시다 씨 이야기

지금은 이미 직원 모두가 팬베이스를 잘 실천하고 있습니다. 그게 맞습니다.

경영자란 사람들은 바로 눈앞의 매출 때문에, 경영방침을 바꾸기 쉽거든요.

나가타 씨가 생각하는 '팬베이스'는 무엇인가요?

이즈모 씨가 주장하는 꿈에 동의하거나, 사랑해주는 사람들을 배신하지 않기 위해, 어떻게 커뮤니케이션을 하면 좋을지 생각하는 것입니다. 그리고 그것이 팬베이스의 원래 취지죠.

유글레나에 관련된 사람들을 배신하지 않는 경영을 하는 것이 가장 중요하다고 생각합니다.

이거 정말 좋아

얼마 전에 알려준 것도 좋았어

유글레나의 제품이라면 믿을 수 있지

생각하고 계신 것들이 잘 전해져 온 것 같네요.

나가타 아키히코
(유글레나)
×
사토 나오유키

회사를 넘어서 공감하는 팬과의 연대
같은 이념으로 동일한 목표로 향하는 "관계인구"를
늘리는 것이 이상적이다

사토 나오유키(이하 사토)

나가타 씨와는 여러 인연이 되어 알게 됐고, 지금은 저 자신도
완전히 유글레나사의 팬이 되었습니다. 처음 유글레나는 어떤
방식으로 팬을 늘려왔나요?

나가타 아키히코(이하 나가타)

우리 회사는 2005년에 유글레나를 원료로 하는 상품을 OEM
공급하는 사업으로 시작했습니다. 2012년 마더즈 상장을 계기
로 통신판매사업에 힘을 쏟았으며, BtoC에 진출했죠. 같은 시
기 미디어를 통해서, 당초엔 호기심에 사이트를 보러 와준 사람
도 '사람과 지구를 건강하게 하자' '아시아의 최빈국인 방글라
데시공화국의 영양 상태를 개선시키고 싶다'라는 유글레나사의
창업이념을 접하고, 지지하게 되었습니다.

사장의 강연회도 팬층을 넓히는 계기가 되었습니다. 강연을 듣고 눈물을 흘리는 사람도 굉장히 많습니다. 그의 이야기엔 지금까지 겪은 고생이나 인연, 은혜와 의리를 중요시하는 성격, 사회에 공헌하고자 하는 성실함이 담겨져 있기 때문입니다. 강의를 듣고는 '상품을 사서 응원하고 싶다'며 2011~2014년 사이에 우리 회사 팬이 폭발적으로 늘어났습니다.

사토　　매출은 순조롭게 상승했습니까?

나가타　　팬이 늘어난 덕분에 2015~2018년엔 꽤 매출이 좋았습니다만, 동시에 불안감도 느꼈습니다. 상품이 잘 팔리는 것은 기쁘지만, 어딘가에서 팬의 신뢰를 깨고 있는 것은 아닌지, 브랜드 가치를 잃고 있는 것은 아닌가 하고요.

사토　　왜 그런 불안감을 느꼈나요?

나가타　　예를 들어, 팬베이스컴퍼니라는 기업도, 회사를 만들기 이전 사토 씨나 쓰다 씨의 오랜 기간에 걸친 노력이나 경험을 바탕으로 사업화했으며, 사회에 알려 비로소 매출로 이어졌을 것입니다. 그렇게 생각하면 기업에 있어서 중요한 KPI는 사업이 궤도에 오르기 '이전'에 있는 것은 아닐까요? 유글레나사는 2011~2014년 사이에 기업이념에 공감한 팬을 축적한 경험이 있으며, 이는 굉장히 중요한 자산이죠. 하지만 급속히 매출이 증가한 2015~2018년엔 그것을 그냥 소비만 했을 뿐이었습니다. 매출에 반비례해서, 눈에 보이지 않는 신뢰가치나 브랜드가치가 점점 줄어가는 느낌이었거든요.

그래서 2018년에 제가 부사장이 되어, 새삼 '헬스케어컴퍼니의 책임자'라는 입장에서, 팬이 유글레나사를 어떻게 신뢰하고 있는지, 무엇을 기대하고 있을지 다시 생각했습니다. 그리고 상품에 대한 신뢰는 물론이거니와, '사람과 지구에 좋은 기업'이라는 결론에 이르렀습니다. 팬베이스를 실천하려면 회사가 팬이 무엇을 원하는지 알고, 그 기대에 부응해야 합니다. 정말로 '알맹이'가 없는데, '팬이 되어주세요' 하는 것은 한계가 있습니다.

그래서 우리는 상품의 인간 임상시험을 전부 다시 진행했으며, 환경을 배려하는 기업으로서 2020년 9월부터 페트병 상품을 생산 중단하고, 종이용기로 바꾸는 결단을 내렸습니다. 또, 2020년엔 창업 15주년을 맞아 기업 CI도 변경했습니다. 유글레나를 연구하는 회사에서 지속가능한 기업으로 한 단계 진화했음을 선언한 것입니다. 이러한 대처는 단기적인 매출 상승으로는 이어지지 않을 것이죠. 그래도 유글레나라는 회사가 마땅히 가야 할, 옳은 방향으로 가고 있다는 느낌입니다.

사토   '크게 바꾸지 않으면 안 된다'라는 위기감을 느끼면서도, 당장 눈앞의 문제점만 개선해가는 기업이 대부분인데, 굉장한 결단이라고 생각합니다. 2020년에는 특히 팬데믹의 영향으로, 장기적 관점을 가지는 기업은 많지 않을 것입니다.

나가타   구조적으로 개혁하는 이야기와 단기적으로 비용절감을 하는 이야기가 섞여 논의되기 쉽습니다. 희생을 감수할 수밖에 없는 상황에서, 팬을 소중히 하자는, 이른바 조직이나 교육 같은 구조적인 과제해결의 우선순위는 뒤로 밀리게 됩니다. 하지만 사업이 힘들 때야말로 장기적 안목으로 되돌아볼 수 있을지 없을지가, 진정한 회사의 갈림길이라고 생각합니다.

팬데믹처럼 격변기야말로 전략을 다시 짜고, 기업이 변할 수 있는 기회입니다. 이런 시기에 지지해주는 사람들이 팬이라는 존재이며, 유글레나사는 2021년이 그 성과를 시험할 수 있는 해이지 않을까 생각합니다.

사토   그렇군요. 나가타 씨는 사내에도 팬베이스 개념을 알리려 활동하고 있다고 하시던데, 구체적으로 어떤 일을 하고 있나요?

나가타   부사장으로 취임한 2018년부터, 3개월에 한 번씩 전 직원들 대상으로 편지를 썼습니다. 우리는 직원을 같은 뜻을 품고 있는 '동료'라고 부르고 있습니다. 거기엔 구매금액 상위 20%의 핵심 고객이 전체 매출의 80%를 차지하고 있다는 사실을 명확히 한 다음, '이 20%의 고객에 대해서, 우리다움을 소구해가면 매출로 이어진다'라는 전략 이야기를 합니다. 개인적으로는 신뢰해주는 동료나 팬을 배신하지 않겠다는 '감정'으로 움직이고 있지만, 조직을 움직이기 위해서는 '전략'에 따라야 하니, 이에 대해서도 전달해야 하죠. 길 때는 1만 자나 쓸 때도 있습니다.

사토 팬에게 다가가기 위해서 변화를 주려고 한다지만 아무래도 반대의견이 나올 것이 분명할 텐데요. 편지의 효과는 있었나요?

나가타 틀림없이 편지를 쓰기 전과 후는 전혀 의식이 달라졌다고 생각합니다. 사내 분위기도 밝아졌으니까요. 지금까지는 팬을 숫자로서 보거나, 게임 속 사람처럼 보는 일도 많았습니다. 그래서 팬은 우리 옆에 있는 '실제 사람'이라는 의식을 심어주고 싶었습니다. 그런 의미에서 2019년 실시한 팬 이벤트가 동료에게는 실감할 수 있었던 기회가 되었습니다.

사토 '유글레나페스'말이군요. 저도 참가했습니다만, 직원 모두가 굉장히 즐거워하는 모습이 인상적이었습니다.

나가타 팬을 만나는 것으로 동료에 대한 의식이 꽤 바뀌었습니다. 따라서 주주총회의 KPI도 바꿨습니다. 우리 회사는 9만 명이 안 되는 주주가 있습니다. 이 수는 일본에서도 최고 수준입니다만, 9만 명이나 한번에 주주총회에 참여하게 되면 큰일이겠지요. 회장을 빌리는 일만으로도 영업이익이 날아가 버립니다. 그래서 이전엔, 어떻게 방문객을 0에 가깝게 할 수 있을까 하는 생각을 했습니다. 하지만 주주 모두가 이즈모 씨나 직원과 직접 만나, '역시 유글레나를 응원하길 잘했다' 하는 마음을 가지는 기회가 된다면, 이만큼 가치 있는 일은 없다는 생각이 들었습니다. 그래서 다시 마음을 고쳐먹고, 참가자 수를 늘리는 것을 KPI로 설정했습니다.

사토　꽤 큰 변화네요. '투자해주는 사람'이 아니라, '함께 걸어가는 사람'이라는 말이군요.

2019년 8월에 실시한 팬 이벤트의 한 장면.
사진 왼쪽이 나가타 씨, 오른쪽이 이즈모 씨.

나가타　그렇습니다. 우리 회사는 70%가 개인투자자로, 거기서 장기보유주주가 2/3를 차지하고 있습니다. 다른 기업과 비교해서 꽤 특이한 구성이지만, 그것이야말로 강점이라고 생각합니다. 주주총회에서는 팬이 즐길 수 있는 즐길 거리들을 준비했는데, 예를 들어 총회장까지 유글레나에서 만든 바이오디젤연료를 사용한 버스를 타고 이동할 수 있도록 하거나, 전시회에서는 실제로 유글레나를 배양하는 배양조를 전시하기도 했습니다.

처음엔 당황하는 모습도 있었습니다. 하지만 주주총회를 직접 담당한 동료로부터 '클레임도 있긴 했지만, 얼마나 많은 분들이 응원해주는지 알게 됐습니다' '보통 접할 일 없는 주주나 팬과 만나면서, 더 열심히 일해야겠다는 생각이 들었다' 하는 소감도 있었습니다.

팬과 만나는 동안에도 '우리의 신념'을 잊지 않는다

사토　유글레나사처럼 개인 고객이 많은 기업은 팬과 직접 소통하는 데도 한계가 있지 않나요.

나가타　고객이 100만 명 정도 있기 때문에, 모두와 소통하기란 확실히 어렵습니다. 하지만 기사나 광고의 한 글자에도 쓴 사람의 생각은 나타나기 마련이라, 거기서 알아차리는 사람도 있을 거라고 생각합니다. 게다가 팬과 만나는 동안에는 '팬이 아니라, 우리의 신념에 따를 것'도 유념하고 있습니다.

팬의 목소리를 경청하는 것은 중요한 일입니다. 하지만 마찬가지로 중요한 것은 기업이 스스로 신념을 지켜가는 것이죠. 자신들이 본질적인 가치를 잃었을 때엔, 팬으로부터 힌트를 얻는 작업도 필요할 것입니다. 그리고 그 가치를 발견했다면, 그때부터는 기업은 자신들의 신념으로 뚝심 있게 나아가야 한다고 생각합니다.

어쩌면 그 신념이 고객에게 불이익이 되는 경우가 있을지도 모르겠습니다. 유글레나사에서도 최근 큰 논의가 있었습니다. 플라스틱용기를 쓰지 않기로 결정됐을 때, 빨대를 붙일지 말지를 구매자가 선택할 수 있도록 했습니다. 당연히 구매자는 빨대가 붙어 있는 게 편하겠죠. 그것을 선택할 수 있도록 하여, 우리의 신념도 보여주었다고 생각합니다.

사토   이즈모 사장도 같은 생각이었나요?

나가타   이즈모 씨는 '우리의 신념에 맞지 않는 사람에게는 안 팔아도 된다'라고까지 말하는 상황입니다. 하지만 이런 유글레나사의 태도를 보고, 좀 더 팬심이 깊어지는 사람도 있을 테죠.

사토   팬이 급격히 늘어난 2011~2014년, 매출은 늘었다고 하지만 팬을 배신하고 있을지도 모른다고 갈등했던 2015~2018년, 그리고 나가타 씨가 부사장으로 취임한 2018년 이후, 이렇게 팬에 대한 관점은 3단계로 변화한 것 같은데요. 팬의 구성도 변화가 있었을까요?

나가타 본질은 바뀌지 않았다고 생각하지만, 10년 전과 지금의 유글레나의 인지도는 완전 차이가 납니다. SNS에서도 유글레나에 대해서 이야기하는 사람이 늘었습니다. 바로 얼마 전에도 트위터로 '어제 유글레나사에 대해서 알았다. 굉장히 훌륭한 일을 하는 회사인 것 같아 입사하고 싶다' 하는 메시지를 보내준 사람이 있었습니다. 이렇게 '입사해서 함께 일하고 싶다' 하고 생각해주는 사람이 궁극의 팬이라고 생각합니다.

'고객을 늘리고 싶다' '안정된 수익을 얻고 싶다' 등, 팬베이스를 실천하는 동기는 사람에 따라 다양할 것입니다. 하지만 제게 있어서 팬베이스는 원래, 이즈모 씨가 그려온 미래에 동조해준 사람들을 배신하지 않기 위해서 어떻게 소통해야 좋을지 찾는 것이었습니다.

거기에는 동료의 존재가 중요합니다. 팬을 배신하지 않는 의사 결정으로 경영하는 것이 무엇보다 중요하다고 생각합니다. 또, 경영자가 제창한 이념을 믿고, 함께해주는 동료가 경영자보다 옳다는 생각도 가지고 있습니다. 혁신을 일으킨 것은 이즈모 씨일지 몰라도, 미래를 향해 깔린 궤도 위를 바르게 찾아갈 수 있도록 하는 것은 동료들입니다.

사토 그렇군요. 유글레나사는 앞으로 계획이 어떻게 되나요?

나가타 매출을 늘리는 것보다도, 이상적인 세계를 이루고 싶습니다. 유글레나에 한하지 않고, 이 세상에서 팔리는 모든 건강식품에 과학적 근거가 있었으면 하고, 물류 환경의 부하도 없애고 싶습니다. 젠더 등 모든 차별 문제도 없애고 싶으며, 태어난 국가에 따라 삶에 차이가 나는 세계 역시 바꿔가고 싶습니다.

확실히 기업은 결과를 내는 것이 전부입니다. 하지만 자사의 결과에 관련되는 것만이 회사의 사명은 아닙니다. 유글레나의 팬이 유글레나의 상품을 사는 것뿐만 아니라, 어떤 집에 사는지, 어떤 옷을 입는지 등 환경에 대해서 생각하는 사회로 변모해가는 것을 꿈꾸고 있습니다. 앞으로는 이러한 동일한 이념이나 목표를 향해 가는 '관계인구'를 늘려가고 싶습니다.

예를 들어, 아웃도어브랜드 '파타고니아'같은 회사처럼요. 전 일본지사장인 쓰지이 다카유키 씨와 이야기해본 적 있는데, 접근법은 달라도 목표는 같았습니다. 이것도 훌륭한 관계인구라고 생각합니다.

사토 코어팬은 자기실현을 겸하여 기업과 동일한 목표를 가지고 있죠. 팬베이스는 팬미팅 등 시책 하나하나라기보다, 회사로서의 개념이나 사상 중 하나입니다. 꽤 말로 전달하기 어려운 부분이지만, 오늘 나가타 씨의 말씀을 듣고 수긍한 사람도 많을 거라고 생각합니다.

나가타 저도 팬베이스컴퍼니의 일원이 될 생각이니까요(웃음). 팬베이스를 주체적으로 생각하는 기업을 특별하게 생각하지 않는 세상을 목표로 해야 합니다. 팬이라는 개념을 파고들면, 함께 이념을 달성한다는 말이 됩니다. 그렇게 되면, 이념을 함께 하는 다른 회사의 팬과 공유가 일어나죠. 그렇게 해서, 그 팬들의 경제적 행동이 소비뿐만 아니라 노동, 투자 등 다양한 분야에 변화를 일으킬 것입니다.

사토 그건 정말 이상적인 모습의 극치네요. 팬베이스적인 방식이 세상에 뿌리내리고, 모두가 이런 것이 새롭다고 생각했다니 부끄럽다 하는 생각을 하게 되면, 우리는 더 이상 할 일이 없어지겠네요.

나가타 그런 시대를 만드는 것이 선구자의 일이라고 생각합니다.

벤처와 스타트업에서 필요한 팬베이스

4

ADDress 편

월정액 40만 원으로 전국 언제 어디서든 살 수 있다!

사벳토 다카시

ADDress

어딘가 멀리 떠나고 싶다.
잘 모르는 곳에서 살아보고 싶다.
하지만 갑자기 어디로 이사한단 말이야. 위험도 크고.
환경은?
기후는?
또 거기서 이주하고 싶어지면?
저도 항상 그런 생각을 합니다.
불쑥
원격근무가 가능한 점도 있고, 위험이 낮다면 이주하고 싶다는 사람도 많이 있지 않나요?
인터넷만 가능하다면 어떻게든 할 수 있죠!
예를 들어
• 월정액(초기비용 없음)
• 생활과 일에 필요한 물품 완비
• 개별실
이런 조건이라면 이주해볼 만할 것 같은데….
응?
있다!?
네, 우리 회사의 서비스입니다.
사벳토 다카시(43세)
현 주식회사 어드레스 대표이사장
셰어링시티 추진협의회대표
주식회사 가이악스
취미 사우나 스낵바
좋아하는 곳에서 그날 기분에 따라… 굉장히 매력적이라 두근거려요!
오래된 전통 가옥
리조트풍

* 집을 지키는 사람이란 뜻으로, 도마뱀붙이와 발음이 동일하다.

'빈틈'요?

완벽하게 만들지 않는다는 말이죠.

오호…

ADDress에는

- 월정액 40만 원으로 살고 싶은 만큼 살 수 있음
- 빈집의 유효 활용
- 리노베이션을 통한 건물 재생

이러한 기능가치가 있습니다만

사람과 인연을 중요시하는

이 '정서가치'를 소중히 하고 싶다고 생각했습니다.

관리인의 매뉴얼은 많지 않습니다.
'하고 싶은 일을 하게 하는 것',
그것이 기본입니다.
그리고 고객도 '함께 만들어가는 매력'을 느꼈으면 합니다.

그래서 우리가 이것저것 제안하는 것이 아닌,

관리인과 회원이 자발적으로 하고 싶은 일을 하게 놔두는 것이 좋지 않을까 생각했습니다.

자발적인 아이디어의 예로는

- 관리인회(관리인끼리의 교류회)
- 여행하는 책장 프로젝트 (다 읽은 책을 기부받아, 공유하는 것)

이 책 가져왔습니다.

읽고 싶었 어요~

'물건 근처에 있는 거친 땅을 개간해 농사를 짓고 싶다'는 제안을 받은 적도 있습니다.

황무지

Address 회원분과 함께 개간하여 농작물을 심고

개간 부터요!?

수확해서 동네 카페에 도매로 판매할 계획을 세웠습니다.

이것도 팬의 자주적 활동으로, 회사는 그저 서포트하는 입장입니다.

곤란했던 적이라면…
'월 40만 원으로 어디에서나 마음대로 살 수 있는 점'만 인터넷상에서 소문이 나서, '40만 원으로 도쿄도내에서 살 수 있는 꼼수' 취급을 받았던 적이 있었습니다.

그건 저희 콘셉트와는 다르거든요.

기능가치만 보고 뛰어들면, ADDress의 장점은 지킬 수 없겠죠….

최근엔 온라인 활동도 중요하게 여기고 있습니다.

온라인커뮤니티에 참가하면 관리인을 소개해주거나 하고 있습니다.

회원 60~70명이 참가하는 온라인커뮤니티에서는 가벼운 교류가 이뤄지고 있죠.

온라인 이벤트

일부 회원이 아닌 분도 참가하고 있고, 이것을 계기로 가입하기도 합니다.

별명 '온라인 스낵바' 입니다.

건배-

하지만 새로운 회원을 점점 늘리기 위해서가 아니라, 기존 회원의 커뮤니티를 좀 더 활발히 하는 것이 목적입니다.

이야기를 듣고 있으니 저도 진심으로 회원이 되고 싶다는 생각이 들었어요.

전국에 내 사무실이 생기는 거잖아요! 멋진 것 같습니다!

그렇게 말씀해 주시는 분도 많죠. 특이점이라고 하면 의사분들도 서비스를 이용하면서 지방 왕진을 다니시기도 합니다.

만화책이 많이 있고, 와이파이도 연결되어 있고, 거기에 가면 친구도 있고…

만화가가 꿈꾸는 집도 있었으면 좋겠네요…

잘 알겠습니다. 콘셉트가 있는 물건도 많이 만들고 싶어요.

예를 들어, 악기를 마음대로 연주해도 되거나 녹음할 수 있는 곳 같이요. 거기에 가면 친구도 많이 사귈 수 있을 것 같고요.

꼭 만들어 주세요! 기대하겠 습니다!

사벳토 다카시
(ADDress)

×

쓰다 마사야스

**'월정액 40만 원이면 전국 어디서든
살 수 있다'**

뛰어난 기능가치에 머물지 않고 수평적 관계로
커뮤니티를 키우다

쓰다 마사야스(이하 쓰다)

'ADDress(어드레스)'라는 서비스 명은 처음 세 글자만 대문자로
되어 있네요?

사벳토 다카시(이하 사벳토)

내 집을 장만해서 한 장소에서 사는 시대에서, 여러 지역에 살면
서, 복수의 직업을 가지고, 친구를 만들어 여러 거점에서 생활할
수 있는 사회를 만들고 싶어서, '더하다' '추가하다'라는 의미의
'ADD'를 강조했습니다.

다시 어드레스에 대해 설명하자면, 월정액 40만 원으로 전국 90
개 거점 어디에서나 살 수 있는 서비스입니다. 수도광열비나 인
터넷요금 등은 모두 기본요금에 포함되어 있고, 초기 비용도
들지 않습니다. 각 거점은 기본적으로는 개별실로, 쉽게 이사가

가능하도록 가구나 세탁기, 조리도구 등 생활하는 데 필요한 것들을 완비했습니다.

쓰다　　주거구독서비스라는 말이군요.

사벳토　　우리는 '다거점 코리빙서비스'라고 부릅니다. 셰어하우스나 코워킹스페이스처럼 복수의 사람이 집이나 사무실을 공유하는 서비스가 생기고 있는데요, 우리는 이것을 정액제로 만들었습니다. 최근엔 시골생활이나 다거점생활이 20~40대 한창 경제활동을 하는 세대에서 주목을 끌고 있습니다. 최신 기술들을 활용하면, 대부분 업무는 도시에 살지 않더라도 할 수 있습니다. 매일 만원전철에 시달리는 삶으로부터 벗어나고 싶은 사람은, 앞으로 더 늘어날 것이라 예상하고 있습니다.

쓰다　　팬데믹으로 재택근무를 하는 사람도 늘어났으니까요.

사벳토　　2020년 3월 이후엔 신규회원수도 배로 증가했으며, 6월부터는 3배로 증가하는 추세입니다. 메일매거진 등록만 해도 매월 6000명 이상이 신규로 유입되고 있기에, 급격히 관심이 높아지고 있다는 것을 실감하고 있습니다.

쓰다　　제공하고 있는 집들은 어떻게 찾고 있나요?

사벳토 새로 짓지는 않고, 적당한 물건을 찾아서 리모델링하고 있습니다. 지방에 가면, 조금만 손보면 살 수 있음에도 비어 있는 주택이나 별장이 아주 많습니다. 그것을 유효활용하고 싶었습니다. 지자체와 제휴하는 사례도 늘어나고 있는데, 예를 들어 가나가와현 오다와라시에서는 리모델링비용 중 2/3 정도를 빈집대책으로서 지원해주셨습니다. 오다와라시 상점가 활성화를 목적으로 지역협의회에서 집을 선정해주었고, 보조금을 활용하여 리모델링을 한 다음, 임대료를 지불하고 우리가 집을 빌리는 형식입니다. 다른 집도 마찬가지로 어드레스가 회사로서 소유하진 않고, 건물주로부터 임대해서, 회원에게 재임대하는 형식의 서비스로 진행하고 있습니다.

지바현 미나미보소시에 있는 어드레스 거점.
해수욕장이 눈앞에 펼쳐지는 곳에 위치해 있다.

우리는 도시와 지방 등 다거점에서 거주하고 싶은 사람의 니즈를 계속 수용하면서도, 동시에 지방이 떠안은 빈집 문제를 해결하고자 합니다. 두 가지 과제를 해결하여 전국을 활성화하기 위해서, '전국창생(全國創生)'이라는 슬로건을 내걸었습니다. 인구감소시대에 도시와 지방이 '인구를 공유한다'는 발상이죠.

쓰다 지방에도 멋진 곳이 많이 있을 텐데, 여행으로는 좀처럼 가기 어려운 곳도 많죠.

사벳토 주말 동안만 별장이나 피서지에서 보낸다는 개념은 지금까지도 있었습니다. 하지만 관광객 대상으로 하는 가게나 시설이 아닌, 진짜 그 지역에 터를 잡고 살고 있는 주민들과 만날 기회는 거의 없지 않았습니까? 어드레스는 휴가를 보내기 위해서만이 아니라, 해당 거점에서 원격근무를 하거나, 가족 단위로 이용하거나 해서, 정착까지는 아니더라도 마음에 든 지역과 계속 교류하고 싶은 사람에게 집을 제공하고 싶습니다.

회원의 니즈는 각각 다르지만, 서핑을 즐기기 위해 바다가 있는 거점을 선택한 사람이나, 온천을 즐기는 사람, 주말만이라도 별장처럼 이용하려는 사람도 있습니다. 도쿄에서 나고 자란 부모가 자식에게 고향을 만들어주고 싶어서 이용하는 사례도 최근 증가하는 추세입니다.

이용자와 지역을 잇는 '관리인'이라는 존재

쓰다　어드레스의 거점과 지역민이나 서비스의 팬을 연계하기 위해, 어떤 노력을 하고 있습니까?

사벳토　각 물건에 '야모리'라고 부르는 관리인을 두고 있습니다. 관리인의 연령대는 20~80대까지 폭넓습니다. 주로 물건 근처에 사는 사람이며, 예약이나 공용부문의 위생 등 관리업무를 맡아주고 있습니다. 하지만 가장 중요시하는 것은 그 지역의 커뮤니티와 어드레스 이용자를 이어주는 허브 역할입니다.

인터넷에서는 찾을 수 없는 정보를 가지고 있어, 실제 지역을 안내해준다거나, 마을 이벤트를 소개해주거나 해서, 서비스 이용자나 팬을 즐겁게 해주는 관리인이 많습니다. 서핑이나 카메라 등, 자신의 특기를 살린 소개나 이벤트를 개최하기도 합니다. 특정 관리인을 만나기 위해, 해당 거점으로 다니는 회원도 많습니다.

쓰다　관리인의 일에는 따로 매뉴얼이 있나요?

사벳토　특별히 두꺼운 책으로 된 매뉴얼 같은 건 없습니다. 청소나 안전을 위한 운용 규칙 등 최소한의 매뉴얼은 수시로 갱신하고 있지만요. 해당 지역에서 관리인이 원하는 대로, 또는 이용자와 잘 매칭되도록, 독자적으로 연구해 어드레스의 세계를 넓혀가고 있습니다.

예를 들어, 가나가와현 기요카와무라에 있는 물건의 뒤뜰에 황폐해진 농작지가 있었는데, 그곳 관리인이 그 땅에 농사를 짓고 싶다는 제안을 해왔습니다. 그래서 어드레스 회원과 토지 개간부터 시작해서 농작물을 만들어, 지역 카페에 식재료를 판매할 계획까지 세웠습니다. 그 후, 관리인과 카페 주인이 의기투합하여 함께 새로운 사업을 한다는 이야기도 들려옵니다. 이러한 특징을 가진 곳이, 서비스를 시작하고 1년 남짓한 시간 동안 점점 늘어나고 있습니다.

물건이라는 하드웨어와 관리인이라는 소프트웨어. 이 두 요소를 적절히 조합하면, 이주나 정착, 혹은 관광 숙박으로는 해결할 수 없었던 부분이 점점 해소되어가는 게 아닐까 생각합니다.

쓰다   서비스를 개시했을 때부터 관리인 제도를 도입하셨군요. 어떠한 계기로 이 제도를 생각하셨나요?

사벳토   민박에 관한 규제로, 옛날 그대로의 일본을 체험을 할 수 있는 가주체재(家主滯在)형 민박이 큰 폭으로 줄어든 것을 안타깝게 생각했습니다. 어드레스를 시작했을 때, 그러한 형태의 민박이라면 일본의 매력, 지방의 매력을 좀 더 끌어낼 수 있을 거라고 생각해 관리인 제도를 만들게 된 것입니다.

관리인을 맡아주는 사람들은 해당 지역 주민만이 아닙니다. 그 지역으로 이주해서 더부살이 형태로 관리인을 하는 분도 여럿 있습니다.

쓰다 관리인 보수는 어느 정도인가요?

사벳토 월에 20만~60만 원으로, 정말 필요경비 정도입니다. 방을 제공하는 경우엔 월세를 대신하는 개념으로 부탁드리고 있기에, 관리인으로서 보수는 없습니다.

쓰다 그렇군요. 관리인 자신도 그 지역의 팬이라 선뜻 관리를 맡아주고 있는 것이군요. 어드레스 측에서 관리인을 선정하는 기준이 있나요?

사벳토 응모자와 온라인 등에서 면담을 통해 업무 내용이나 적합 여부를 설명하고 있는데, 청소만 하는 스태프 정도겠지 하고 온다면 생각과는 다를 것입니다. 실제로 몇 번 관리인이 변경된 경우도 있었습니다.
관리인은 그 사람 자신이 매력적이거나, 해당 지역의 좋은 점을 전달하고 싶다는 생각을 가진 사람에게 적합한 일입니다. 농사나 낚시, 수렵 등 그 지역에서 나름대로 활동을 하고 있는 사람은, 그 사람 자체가 이미 매력적이지요. 그것이 설령 이주자라고 하더라도, 그 지역에서 하고 싶은 일이 있어서 온 사람들은 역시 전달력도, 행동력도 남들보다 배는 됩니다. 그런 사람들은 관리인으로서 잘 해나가고 있습니다.

서비스 팬이 서비스에 관여할 수 있는 '빈틈'을 만들다

쓰다   어드레스 팬의 활성화를 위해 운영하는 입장에서 하고 있는 일은 없습니까?

사벳토   팬 스스로 서비스에 관여할 기회를 늘리고 싶어서, 가능한 한 '빈틈'을 많이 만들고 있습니다. 우리는 스타트업으로 자금도 자원도 없기 때문에, 모두가 함께 만들어갑시다 하는 입장을 취하고 있지요. 어디까지나 어드레스라는 '장'을 만드는 것은 팬이며, 지역 물건은 관리인이 있기에 성립한다는 입장으로 운영하고 있습니다.

예를 들자면, 팬이 의견을 제시해서 시작한 '여행하는 책장' 프로젝트라는 것이 있습니다. 팬 중에는 다거점생활을 하기 시작해서, 짐을 줄이기 위해 책을 많이 기부합니다. 자신이 이동할 시점에서 빌리고 싶은 책이 있다면, 그 책을 가지고 다음 거점으로 이동할 수 있으며, 다 읽었다면 이동한 거점에 있는 책장에 둘 수 있습니다. 기본적으로는 팬이 주도해서 진행되고 있으며, 스태프도 지원하고 있지만 필요경비를 부담하는 정도입니다. 다른 기획도 '어드레스 스태프가 주가 되어 관여하지 말아달라'고 팬분들이 요청하고 있습니다. 재미가 없어진다나 봐요 (웃음).

아직 초기의 팬심 강한 분들이 많은 단계이기에, 서비스를 함께 만드는 것으로 기뻐하는 사람도 많습니다. 회원 수가 늘어나면 물건도 많이 만들 수 있다며, SNS에서 적극적으로 어드레스에 관한 정보를 알리는 사람도 늘어났습니다. 회원이 자신의 집도 비어 있다며, 사용해달라고 빈집을 제공해주는 일도 있습니다.

쓰다 어드레스가 아직 신생 서비스라, 코어팬은 운영에 참여할 수 있어 반응이 좋은 것 같네요. 관리인도 어드레스의 팬이라고 할 수 있을 듯한데, 팬이 직접 만들거나 즐길 수 있는 '여지'가 있다면, 정말로 좋은 서비스가 완성될 듯합니다. 책을 주고받는 서비스도, 기업의 틀에 박힌 생각에서 만들어지는 것보다 훨씬 좋은 서비스라고 생각합니다.

사벳토 역시 만들어진 것을 이용하기보다, 직접 만드는 것이 재밌는 법입니다. 특히 지금같이 상품과 정보가 넘치는 시대에서는 더더욱 말입니다. 저는 요리를 잘하지 못하는 편인데, 지금은 레시피 영상을 보면 대부분 만들 수 있습니다. 인터넷에서 찾으면 무엇이든 만들 수 있는 시대입니다. 완벽하게 완성된 물건이나 서비스만을 이용해주길 바라는 생각은 지금과는 적합하지 않은 것 같습니다.

쓰다   그건 그렇고, 서비스를 시작할 때 거점이나 모집 인원도 꽤 적은 상태에서 시작했겠군요.

사벳토   2018년 11월에 회사를 만들고, 12월 중반에 '2019년 봄부터 이런 서비스를 시작합니다' 하고 사이트에 공지했습니다. 물건은 당시에 5곳이었고, 월 40만 원에 30명을 모집한다고 게재했더니, 일주일에 1100건이나 문의가 있었어요.

쓰다   그렇게 많이!?

사벳토   더구나 공지한 시점엔 사실 거점 중 단 한 곳도 오픈하지 않은 상태였습니다. 이른바 '린 스타트업' 느낌으로, 있는 거라곤 아이디어뿐이었습니다. 하지만 구상만 1년을 했고, 응모 수를 통해 니즈가 많다는 것을 확인했기에 서비스를 시작하기까지 남은 3개월 동안 일사천리로 단숨에 만들려고 생각했습니다. 저와 임원 한 사람 해서 둘뿐이었는데, 당시엔 각자 다른 회사를 다니고 있어서 부업으로 시작했습니다.

쓰다   서비스를 공들여 만든 다음 시작하는 것보다, 무작정 시작해버리는 것이 좋을 때도 많은 것 같네요. '지금부터 이러한 서비스를 다 같이 만들자' 하는 생각에 처음 1100명의 팬은 공감한 것 같습니다.

사벳토 2019년 2월에 크라우드펀딩으로 선행 회원을 모집했습니다. 목표금액이 2000만 원이었는데, 1억 2000만 원 정도가 모였습니다. 덕분에 처음부터 회원을 확보한 상태에서, 4월 1일 서비스를 시작할 수 있었습니다. 지금도 코어팬 중엔 친구와 지인에게 적극 소개시켜주기도 합니다. 점점 사업의 범위가 넓어지고 있다는 사실을 실감하고 있어요.

쓰다 어드레스처럼 완전히 신생 서비스라도, 초기에 회원을 중심으로, 소수 코어팬과 확실히 연대해가면 점점 사업도 커지는군요. 거기에 관리자라는 존재가 허브 역할을 해줘, 지역과도 연계할 수 있고, 또 새로운 팬커뮤니티도 생기고. 서비스에 팬이 참여할 수 있는 여지를 줘서, 팬이 즐길 수도 있도록 만들었네요. 공감할 수 있는 포인트가 정말 많은 사례입니다.

사벳토 큰 건물에 많은 사람을 받을 수 있는 커뮤니티를 만들어버리면, 오래 있던 사람과 새롭게 들어오는 사람이 어울리기 힘들어집니다. 그래서 굳이 작은 커뮤니티를 유지하려고 노력하고 있습니다.

어드레스 물건은 단독주택이 대부분으로, 동시에 거주할 수 있는 사람은 몇 명 안 됩니다. 작은 커뮤니티에서 깊은 유대관계를 만들 수 있고, 마음이 맞지 않는다면 다른 곳으로 이동하면 그만입니다. 지역에 자리 잡고 사는 것도 아니고, 도시에서 드라이한 관계도 아닌, 부담스럽지 않은 커뮤니티가 주거구독서비스로 이어지도록 하고 있습니다.

저는 어드레스를 대기업으로 만들 생각이 전혀 없습니다. 직원도 되도록 적은 편이 좋습니다. 애초에 회사원, 회사라는 틀 자체가 낡았다고 생각하기 때문에, 창업할 때부터 회사 단위로 무엇을 생각하지는 않았습니다. 스태프와 회원, 관리인의 경계를 가능한 한 없애는 방향으로 하고 있습니다. 스태프도 일개 유저로서 서비스를 이용하고 있으며, 저도 일시적인 오너로서 자택을 제공하고 있습니다. 될 수 있으면 조직의 틀을 느슨히 하고 싶고, 팬과 평등한 관계를 유지하도록 앞으로도 의식하며 일하고자 합니다.

쓰다 '월 40만 원으로 언제 어디에서나 살 수 있다'란 기능가치만을 추구해버리면, 경쟁사로부터 따라 잡힐 수도 있으며, 이탈하는 사람도 나오겠죠. 그 점에서 어드레스는 관리인이나 지역 커뮤니티와의 연계 등 정서가치를 확실히 전달하고 있는 것 같습니다. 귀촌을 하고 싶어도 지역 커뮤니티에 들어가기 어렵다고 생각하는 사람도 적지 않은데요. 하지만 신뢰할 수 있는 친구나 지인으로부터 추천을 받으면, 마음이 움직일 가능성이 있습니다. 그것은 광고 등으로 돌파할 수 없는 부분이죠. 사벳토 씨나 동료가 내 건 이념을 바탕으로 공감하는 팬이 모여, 수평적 관계 속에서 참여 '여지'가 있는 상태의 서비스를 함께 진화시켜가고 있습니다. 그리고 어드레스뿐 아니라, 해당 지역을 좋아하는 팬도 늘어나겠죠. 앞으로 맞이할 시대에 큰 힌트가 되는 이야기였습니다.

제 4 장

사랑받는 브랜드에서 배우는 팬베이스

등장하는 기업 · 서비스

- 이케우치오가닉
- 수프스톡도쿄
- 사토야마주조

이 장을 읽으면 알 수 있는 것

- 팬이 기뻐하는 요소를 어떻게 자극할 것인가?
- 어떻게 '팬'을 명확하게 정의할 것인가?
- 동료(사원, 지역주민)를 어떻게 참여시킬 것인가?

1

이케우치오가닉 편

한번 써보면 다른 것은 못 쓴다는 최강 타월!

무다구치 다케시

이케우치오가닉

타월 매장에서 한 번쯤 이 로고 본 적 있죠?

imabari towel
Japan

오늘은 이마바리 타월* 중에서도 특히 인기가 많은 '이케우치오가닉'의 무다구치 씨를 찾았습니다.

무다구치 다케시(42세)

이케우치오가닉 영업부 부장
아마존 재팬 출신
취미 목욕탕 돌기, 산책

무다구치 씨가 입사하게 된 계기는 어떻게 되나요?

타월 마니아 라든가?

포근 포근

원래는 아마존 재팬에 있었는데, 이직을 생각하고 있을 때 가마쿠라투신**에서 IKEUCHI를 소개해주더라고요. '이 회사에서 좋은 타월을 만들고 있는데, 아직 그다지 알려지지 않았어요'라는 이야기를 듣고, 제가 도움을 줄 수 있지 않을까 하는 생각을 했습니다.

네.

때마침 구인공고라도 있었나요?

아뇨. 제가 일방적으로 어필을 했습니다.

열정적!

끌렸던 이유는 뭔가요?

그게 말입니다— 제품을 만드는 데 고집스럽게 디테일에 신경 쓰는 점이랄까요.

전 직장에 있을 때 이용자들로부터 '편리하다'는 소리는 많이 들었거든요.

* 이마바리시에서 생산하는 고품질 타월의 총칭.   ** 가마쿠라투신 일본의 '좋은 회사'에 투자하는 회사.

팬층의 추이와 역사

2000년~ 지속가능한 환경에 관심이 높은 층
↓
2010년쯤 가마쿠라투신이나 뮤직시큐리티즈*의 팬
↓
2014년~ 누락

코어팬은 연간 2회 이상 구입하는 사람이라고 정의했습니다.

코어 고객은 남성이 많습니다.

타월 하면 여성이 좋아할 이미지 같은데요.

이게 타월이지…

'지금 이케우치오가닉을 좋아해주는 고객'

그것이 우리의 마음을 전하고 싶은 대상입니다.

2016년 직원 인터뷰를 사이트에 소개 합니다.

직공분들을 인터뷰 했습니다.

팬은 '관계자'에게 관심이 많으니까요.

사실은 팬분만 아니라 직원들도 읽어봤으면 했습니다.

직원끼리 소통이 별로 없다는 것도 해결해야 할 과제라고 생각했으니까요.

* 지방 산업에 투자자를 모집하는 펀드 운영 회사.

<table>
<tr><td>

**2019년,
자사
미디어
출범**

</td><td>

직원이 자사 상품을
'좋다고' 칭찬하기보다, 팬 스스로
이야기해주는 편이 가치가 있죠.
그 '가치'를 알고 있는 사람이 유대하는
장소가 있으면 좋겠다는 생각에,
자사 미디어 '이케우치스러운 사람들.'을
만들었습니다.

</td><td>

스태프는
전원 IKEUCHI의 팬이며
팬이 자신이 좋아하는 것을
흡족해할 때까지 소개하는
시스템으로 만들었습니다.

</td></tr>
</table>

취재대상도
'이케우치를
좋아하는
이들'입니다.

레스토랑 sio
물수건은
IKEUCHI ORGANIC

오호…

'이케우치를
좋아하는
이들'은
업계에서도
이단아가
많습니다.

그래요?

그런 사람들이
타월로 조금씩
이어져가다니…

행복하네요.

스토어
스태프나 직공분,
이케우치 대표도
트위터를 만들어
활동하고 있습니다.

스토어 트위터는
고정팬도
많이 있습니다

광고홍보를 한 사람에게
맡기는 게 아니라, 사원이 총출동하여
팬베이스 실천에 몰두하고 있습니다.

직원이 30명 남짓이니 각자가
자신을 속속들이 드러내는 것이
중요합니다.

타월을 팔면 끝이 아니라 '구매해주는 순간부터 시작'입니다.

아베 사장의 세탁 강의 등을 개최하기도 하고

팬데믹에 들어섰을 때부터는 온라인으로 공장견학을 실시했고, 300명이 참여했습니다.

팬이 늘지 않는 지역은 온라인으로 넓혀갈 수 있습니다.

온라인으로 실시한 접객 판매도 큰 호평을 받았습니다.

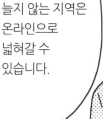

실제 팬베이스는 장기전으로 품과 시간이 드는 부분도 있지만, 겁내지 말고 우선 할 수 있는 부분부터 작은 규모로 시작하는 것이 중요하다고 생각합니다.

우리 입으로 '이 상품 좋아요' 하고 말하면 조금 수상쩍게 들릴지 몰라도

'상품이 좋다'고 어필하는 것은 중요하죠.

무다구치 씨의 타월 사랑은 앞으로도 모든 팬들에게 전해지리라 생각합니다.

폭신폭신… 얼굴을 뗄 수가 없어

219

무다구치 다케시
(이케우치오가닉)

×

쓰다 마사야스

쓰다 마사야스(이하 쓰다)

무다구치 씨는 아마존 재팬에서 이직하셨죠. 입사하기 전부터 이케우치오가닉은 팬베이스를 실천하는 기업이었나요?

무다구치 다케시(이하 무다구치)

팬과의 커뮤니케이션에는 적극적인 기업이었다고 생각합니다. 이마바리 타월 회사는 100개사 정도가 있습니다만, 위탁생산 하는 OEM 회사가 많고, 우리 회사는 1999년에야 비로소 자사 브랜드를 시작했습니다. 타월 소재로 오가닉코튼을 사용하고 있을 뿐 아니라, 공장이나 매장에서 사용하는 전력을 100% 풍력발전으로 조달하고 있으며, 환경부하를 최소로 제한한 염색 방법을 사용하는 등, 환경을 배려하는 기업입니다. 이런 생각을 2001년부터 공식 사이트상에 이케우치 게이지 대표가 메시지를 올리고 있습니다.

쓰다 타월은 여성이 구매하는 이미지가 큰데요. 이케우치오가닉은 어떤가요?

무다구치 타월 업계 전반을 보면 확실히 고객층 80%가 여성이지만, 이케우치오가닉의 경우엔 상품제작 방침이 비교적 자유롭고, 남성스러운 느낌이 있어 60%가 남성 고객이었죠. 최근 드디어 남녀 비율이 반반이 되었습니다.

하지만 팬층은 시대에 따라 점점 변화했습니다. 브랜드를 시작한 직후엔 환경이나 지속가능성에 관심이 많은 고연령층 세대에서 지지받았습니다. 2014년에는 도쿄, 교토, 다음 해에는 후쿠오카까지 직영점 세 곳을 열었고, 매장 팬도 늘었습니다(현재는 도쿄, 교토만 있음). 또, 지금은 SNS에서도 알려지고 있으며, 인기배우의 추천으로 20~30대 팬도 꽤 늘었습니다.

쓰다 매장이 생기면 고객이나 팬과의 소통이 현격히 드러나지 않나요?

무다구치 각 매장에 세탁기, 건조기를 두고, 200~300회 세탁한 타월도 전시하고 있습니다. 방문객에게는 새 상품과 많이 사용한 타월 양쪽 다 만져보도록 하고 있습니다. 접객시간은 한 사람당 평균 30분으로, 1시간 정도 이야기하는 고객도 있습니다. 비효율적일지 모르지만, 팬이 되는 순간을 볼 수 있는 때가 인기 매장에서 접객할 때입니다.

저처럼 팬 출신인 직원도 많습니다. 교토점 점장도 원래는 매장 고객이었다가, 지금은 그녀의 접객을 바라고 찾아오는 팬들이 많이 있습니다. 매장은 팬베이스에 빠뜨릴 수 없는 플랫폼이라고 생각합니다.

'직공분을 만나고 싶어요' 한마디에 팬미팅을 기획하다

쓰다 　팬의 입장에서 직원이 되어보니, 보이는 과제 같은 건 없나요?

무다구치 　당시엔 미디어 노출도 많았는데, 이케우치 대표에게 취재가 집중되었습니다. 중소기업이라서 경영자가 외부로 나오는 것은 당연하지만, 차세대 인재나 실제 타월을 만드는 데 종사하는 분들도 보여주고 싶다고 생각했습니다.

제가 이케우치오가닉으로 이직한 2015년에 참가한 '사토나오오픈랩'에서 배운 것을 바탕으로 팬의 구조를 생각한 끝에, 지속가능개발목표에 관심이 있는 층이 코어팬이 되어야 한다고 생각했습니다. 하지만 사실은 면화로 만드는 오가닉 제품 비율은 아직 0.5%입니다. 이 층만을 의식해서는 브랜드의 장점이 알려지기 힘들죠. 역시 지금 이케우치오가닉의 팬이라고 공언하는 사람을 만나 제대로 이야기를 들어야 한다고 생각했습니다.

그래서 메일매거진으로 '이케우치오가닉에 대해서 어떤 것을 알고 싶습니까' 하는 설문조사를 진행했습니다. 연간 2회 이상 타월을 구매하는 코어팬으로부터 '타월소믈리에인 직원으로부터 추천받고 싶다' '직공에 대해서 자세하게 소개받았으면 좋겠다' 하는 요청이 많다는 사실을 알게 됐습니다. 그래서 시작된 것이, 2016년 3월부터 공식사이트 내에 설치한 '이케우치 사람들'이라는 전 직원의 인터뷰를 올리는 코너입니다. 많이 편집하지 않고, 사원들의 속마음 그대로 게재하도록 노력했습니다.

사실은 입사 당초에 느끼고 있던 또 한 가지 과제로서, 직원끼리 소통이 거의 없다는 사실을 알았습니다. 자사 제품도 좋고, 물건을 정교하게 만드는 고집스러움도 좋지만 조직을 아우르는 커뮤니케이션은 활발하지 않은 것 같다고 생각했습니다. 그래서 코어팬뿐만 아니라, 직원에게도 인터뷰를 읽도록 했습니다. 이케우치 대표는 '직공은 쓸데없는 이야기는 하지 않으니까, 기대하는 콘텐츠는 만들기 힘들 거예요'라고 말씀하셨지만요 (웃음).

쓰다   직원의 얼굴을 공개하고, 어떤 변화가 있었나요?

무다구치 '직공분을 만나고 싶다'는 요청이 팬분들로부터 나왔기 때문에,

코어팬을 초대해 팬이벤트 '이마바리오픈하우스'를 실시하기로 했습니다. 이 이벤트는 에히메현 이마바리시에 있는 본사를 팬에게 개방해, 직원이 총출동해 응대하는 것입니다. 공장을 견학하고, 직공과 직접 대화를 나눌 수 있는 시간도 만들었습니다. 교통비나 숙박비 전부 참가자 부담이며, 게다가 8만 원의 참가비가 있습니다. 하지만 공지와 동시에 40명 정원이 눈 깜짝할 새 차버렸습니다.

쓰다   이마바리오픈하우스 참가자는 어떻게 선발하고 있습니까?

무다구치   선착순입니다. 평소 코어팬은 가게에서 많은 이야기를 하는데, 두 번째 이벤트부터는 팬으로부터 먼저 '이마바리오픈하우스

이마바리오픈하우스의 모습. 참가한 팬들이 직공의 설명을 진지하게 듣고 있다.

신청은 언제부터 해요?' 하는 문의가 있었다고 합니다.

이벤트 당일엔 공항까지 팬분들을 맞으러 버스로 마중을 나가고, 이케우치 대표는 버스가이드를 자처하며 팬분들을 환대했습니다. 이케우치 대표 단골가게에서 점심식사를 한 후엔 공장 견학을 합니다. 타월을 짜는 공정부터 검품, 봉제까지 모두 둘러보고, 각 부문의 담당자로부터 작업 설명을 듣습니다.

견학을 한 후엔 팬미팅이 있습니다. 참가자끼리 몇 개 그룹으로 나뉘져, 이케우치오가닉 팬력이라든지, 어떠한 점이 좋은지 등을 각자 이야기 나눕니다. 마지막으로 당일 짠, 날짜가 들어가 있는 타월을 깜짝 선물을 하는 등, 팬을 철저히 '특별대우'합니다.

쓰다　참가비를 받는 것에 대해, 팬으로부터 불만의 목소리는 없었습니까?

무다구치　'이렇게 다양한 체험을 할 수 있는데 참가비가 8만 원이라니, 오히려 저렴한 거 아닌가?' 하는 말도 들었습니다. 애초에 공장은 일반에 공개하지 않습니다. 경쟁사에 보이고 싶지 않은 장소도 있기 때문이죠. 그것을 1년에 한 번 개방하는 것으로 특별대우 해준다는 느낌을 받았을 수도 있습니다.

사실 참가비를 받아도 결국, 이벤트 하나만으로도 적자입니다. 하지만 연에 한 번 정도 적자를 본다고 한들, 코어팬이 만족한다면 그걸로 괜찮다고 생각합니다. 3년 연속 참가해준 분은 '우리가 이마바리오픈하우스를 운영해보고 싶어요' 하고 자원봉사를 희망하기도 했습니다.

쓰다 팬을 대상으로 하는 이벤트는 반복해서 참여하는 사람들을 어떻게 대해야 하는지 걱정도 있을 듯한데요. 몇 번이나 찾아주는 것은 기쁜 일이지만, 똑같은 과정을 반복하면 만족스럽지 않을 수도 있으니까요. 저도 네슬레 재팬에서 해봤지만, '이벤트 스태프로 참여한다'는 비일상적 체험을 제공하면 팬들은 기뻐했습니다. 그런데 직공분들 반응은 어땠습니까?

무다구치 코어팬에게 사인을 요청받은 직공도 있었습니다(웃음). 기뻤다고 했고요. 직공은 평소 팬과 만날 기회가 없기 때문에, 자신이 만든 타월을 어떤 사람이 사용하고 있는지 알 수 있는 좋은 기회가 됐다고 생각합니다.

쓰다 이케우치오가닉은 블로그로 정보를 발신하고 있고, 자사 미디어인 '이케우치스러운 사람들.'도 운영하고 있잖아요. 타월을 중심으로 환경문제나 소매점의 미래 등, 다양한 콘텐츠를 게재하고 있더라고요. 어떤 계기로 자사 미디어를 시작하게 됐습니까?

무다구치 이마바리오픈하우스를 통해 팬이 늘어간다고 실감은 했지만,

아직 세대의 폭이 넓어지진 않았다는 느낌이 있습니다. 좀 더 고객과 직접 커뮤니케이션을 할 수 있는 계기를 만들고 싶었습니다.

다시 어떤 사람을 고객으로 인식해야 하는가 물었을 때, '당사 제품을 사랑하고, 공감해주는 사람'이 아닐까 하는 생각에 이르렀습니다. 판매하고 있는 것은 타월이라는 상품이지만, 그 타월을 가지고 있는 사람끼리 커뮤니케이션 툴이 되는 것이 이케우치오가닉 나름의 가치입니다.

열렬한 팬이 많이 있기 때문에, 그 팬을 가시화하고, 팬끼리 교류하는 장소를 만들고 싶다는 생각에 2019년 2월 자사 미디어를 시작했습니다. 단, 미디어를 만들어놓기만 하면 아무도 읽어주지 않겠죠. 이케우치오가닉이 정말 좋아서, 타월 제품번호까지 말할 수 있는 작가분들을 모아, 공감을 바탕으로 취재한 콘텐츠를 게재하도록 했습니다.

쓰다　자사 미디어엔 어떤 사람이 등장하나요?

무다구치　당사의 타월을 가게에서 사용해주고 있는 레스토랑 오너 등입니다. 이분은 '자기보다 이케우치오가닉에 대해 열정적으로 말할 수 있는 사람은 없다'고 할 정도입니다(웃음).

이 기사를 계기로 레스토랑 업계에서도 당사의 인지도가 단숨에 올랐고, 다양한 레스토랑에서 물수건으로 채택되기도 했습니다.

또 지역축구클럽 'FC 이마바리'의 취재를 계기로, 다른 축구팀이나 아이스하키 같은 다른 스포츠팀과도 연계할 수 있었습니다.

쓰다 타월을 좋아한다는 공통점으로 요식업계, 스포츠계에 있는 사람들이 연결되어 있군요. 팬베이스에서 말하는 '스루 더 커뮤니티'의 성공적 사례네요.

자사 미디어를 진정한 팬만으로 만들고 있는 것도 인상적입니다. 발신자가 진정한 팬인지 아닌지에 따라 성과가 전혀 달라지기 때문이죠.

무다구치 자사 미디어를 만든 덕에 인재채용 문의나 법인과 거래도 늘었습니다. 또, 20대 등 젊은 팬층도 유입되고 있는 걸로 봐서는, 아직 구매하지 않은 사람에게도 어필하고 있다고 실감했습니다. 블로그에 이케우치오가닉에 대해서 적어주는 사람도 많은데, 그것들은 '공개 팬레터'라고 생각하고 저는 다 읽고 있습니다.

직원의 제안으로 온라인 접객도 시작하다

쓰다 무다구치 씨가 진행해온 것은 주로 코어팬을 대상으로 한 것들이라고 생각합니다만, 목소리가 큰 팬에게 끌려 다니거나 한 적은 없나요?

무다구치 사실은 자사 미디어에 특정 사람들만 소개했더니, 코어팬으로부터 외면당한 적이 있어서요……. 하지만 보통은 부정적인 의견을 말할 수 있는 사람은 많지 않은데, 코어팬은 장단점을 다 지적해줍니다. 그래서 그분들의 의견을 들으려고 합니다. 요전에도 온라인으로 팬미팅을 했는데, 신규로 들어온 사람은 의견을 말하기 어려울 거라고 생각해, 코어팬은 10명 정도로 한정해서 진행했습니다.

이 팬미팅을 제안한 사람은 교토점의 점장입니다. 그녀는 SNS에서 팬과 교류하는 데 탁월했습니다. 코로나바이러스 감염 확대로 인한 긴급사태선언으로 전 지점이 휴업할 때에는, 그녀의 제안으로 화상을 통한 온라인 접객도 진행됐죠. 거의 모든 손님들이 구매할 정도로 만족도가 높았습니다. 하지만 온라인 접객을 모든 회사에서 할 수 있는 것은 아닙니다. 자사 상품에 대한 자부심을 가지고 평소 손님과 정성스럽게 소통할 수 있는 스태프가 있어야지 가능하다고 생각합니다.

쓰다 회사에 자사의 코어팬이 있어야지 할 수 있다는 말씀이군요. 이번 팬데믹으로 많은 기업이 아주 가혹한 상황을 맞이할 것입니다. 이런 때 이케우치오가닉에서 해온 일들이 큰 힌트가 될 것 같네요. 여태까지 팬베이스를 실천해오면서 사내에서 반대 목소리는 없었나요?

무다구치 팬베이스 자체의 개념은 예전부터 당사에서 무의식적으로 실천해온 것도 있고, 팬베이스 관련 서적도 읽게 했으며, 경영진의 깊은 이해도 있었습니다. 경영진은 예산 범위 안이라면 '뭐든 도전해봐도 좋다'고 하긴 했는데, 단기가 아니라 중장기적 관점으로 생각해달라고 설명하고 있습니다. 블로그처럼 돈을 들이지 않고 할 수 있는 것도 있기 때문에, 팬을 중심으로 다양한 시도를 해가는 것이 중요하다고 생각합니다.

쓰다 저는 한 기업의 직원 스스로가 팬이 되지 않으면 팬베이스는 잘 실천되지 않는다고 생각하는데요. 이케우치오가닉의 경우는 어떤가요?

무다구치 말씀하셨듯, 직원 자신이 자사의 팬이 아니면, 고객으로부터 신뢰받지 못한다고 생각합니다. 그렇게 하지 않으면 다양성을 인정받지 못하는 회사가 되어버리니까요. 하지만 팬이 아니라도, 모두 상품에 자부심을 가지고 있는 것은 공통점입니다. 그러는 중에 직공을 다룬 기사를 내거나 이마바리오픈하우스를 시작하는 등 고객의 반응을 직접 받을 수 있는 기회가 늘면서, 조금씩 분위기가 바뀌고 있다는 것을 느끼고 있습니다.

쓰다　대표를 포함해 모든 임직원이 자발적으로 움직여야 하죠. 직원이 자신이 다니는 회사를 사랑하게 되면 자연히 바뀌어갑니다. 최근엔 팬이 된 것을 계기로 입사하는 사례가 늘고 있다고 들었는데, 입사해보니 주위 사람들과의 온도차를 느껴, 크게 실망하기도 한다는군요. 그럴 때, 팬미팅이나 자사 미디어에서 진행되는 팬과의 교류가 직원을 팬으로 만드는 계기가 되기도 합니다.

자사 상품에 어떠한 배경이 있고, 누가 만들고 있는가. 이러한 사실들은 기업이 커지면 커질수록 쉽게 지나치기 마련입니다. 그러면 직원이 자발적으로 행동할 수 있는 환경이 중요해지죠. '팬을 좀 더 기쁘게 하고 싶다' '좀 더 좋은 상품을 전달하고 싶다' 하는 생각의 중심에는 팬이나 고객이 있을 것입니다. 이케우치오가닉의 대처는 많은 기업에게 귀감이 될 것입니다.

사랑받는 브랜드에서 배우는 팬베이스

2

수프스톡도쿄 편

맛있는 수프로 세상의 체온을 나누다!

하나쓰미 모모에

스마일즈, 수프스톡도쿄

↑

사토 나오유키가
운영하는
팬베이스를 배우는
사회인 세미나

팬베이스를 배우는 동안
'어? 이거 우리 회사에서도
하고 있는 것 같은데…' 하는
생각이 들었죠.

사실 우리 회사에는 마케팅부서가
없어서, 지금까지의 대처를
뒷받침해주는 데이터를 보기
힘들었는데, 랩을 다니고 나서
알아차렸습니다.

우리 회사는
태생부터
팬베이스를
실천해왔잖아!?

고객을 향한 마음은
확실히 양성되어 있었죠.
원래 팬베이스적인
생각은 있었기 때문에,
그것을 고객에게 전달해
좀 더 관계를 구축하고
싶어요!

구체적인
'팬베이스다움'에
대해 꼭
알려주세요.

• 매주 방문하는 고객을 위해 격주로
  매일 8~10종류의 수프를 준비한다

• 매장에서 접객 매뉴얼은 만들지 않는다
  (적당히 거리를 두고 접객할 것을 명심한다)

• 가격인하, 싸게 팔기, 쿠폰발행금지

• 여성 혼자라도 마음 편히 들어가는
  안전하고, 안심할 수 있는 패스트푸드점

고객이
'마음이 편해지는 곳'
'내 집 같은 곳'처럼
느낄 수 있고,
'저 가게 정말 좋아' 하고
말해줄 수 있는 가게를
만들기 위해 창업할 때부터
노력했습니다.

그건 분명…

그렇습니다! '팬베이스'입니다!

기업이념은 '세상의 체온을 나누다'

고객의 시선에 닿는 것, 체험하는 것, 모두가 '체온을 나눠주고 있는가?'

따끈 따끈

굉장한 기업이념이네…

마음속까지 따뜻해지는 것 같아…

그렇습니다. 기업이념을 실현하는 건 간단한 일이 아니죠.

하지만 팬베이스는 '지금 우리가 열심히 하고 있는 일을 뒷받침'해주기 때문에, 보다 건설적으로 사내에서 논의할 수 있게 되었습니다.

사토 씨의 저서를 읽고 나서 여러 번 다시 생각하기도 했죠…

흠…

팬베이스

팬베이스적 정책의 예

① '나나쿠사가유*'의 날인 1월 7일 한정 제공

고객에게 음식을 제공할 땐 반드시

올해도 건강하게 보내세요.

이 한마디를 건네기로 정했습니다.

고객 중엔 '내 건강 생각해주는 건 의사나 병원 접수처 정돈데' 하고 기뻐하는 분도 있었습니다.

건강하세요~

* 7가지 풀로 끓인 죽. '나나쿠사가유의 날(1월 7일)'은 액막이와 무병장수를 비는 일본 정월 풍습 중 하나다.

236

② 카레스톡도쿄
(2016~)

수프를
팔지 않고,
카레를
파는 기간!

직원의
아이디어를
회사 모두가
실현시켰
습니다!

이 기간에
'섬씽옐로'라는
이벤트를
했습니다.
노란색 물건을
가지고
매장을 방문한
고객분들에게
좋은 일이
있을 것이라고
공지했죠.

양말이
노란색
이에요.

노란
해바라기

게다가
가게에
선물
해주신
커플
손님

모든 카레를
먹은 손님에겐
손수건을
선물했습니다.

이것을 내년
'섬씽옐로' 이벤트 때
하고 왔으면 하고,
레어아이템으로
'자신이 팬임'을
알아주는 기쁨도
맛보길 바랍니다.

작년
손수건
이에요.

고객과 스태프가
서로 통한다는 기분이
들었습니다♡

③ 새해 인사

전 68개 매장
점장의 '새해 인사'를
리플릿이나 포스터로
제작해 매장에서
배포했습니다.

해당 매장에서만
접할 수 있는 이야기로,
특성 있는
장소를 만들고
싶었기 때문에

인터넷 검색을 해도
나오지 않는,
개성 풍부한
점장들의 성격이
전달되도록
에피소드를
쓰게 했습니다.

④ 가상직원제도(2017년~)

퇴직한 직원이나 아르바이트사원 약 1400명 정도가 등록했습니다.

• 매장 음식 · 통신판매 등 10% 할인 (동행자도 할인 가능)

• 사전시식회 · 상품 품평회에 초대 (가족 동반 가능)

와! 굉장하네요!! 이건 퇴사해도 팬으로 남을 수 있겠어요.

그렇죠.

퇴사한 사람을 중시한다는 개념은 외국계 기업에서 많이 볼 수 있고, 인재풀을 확보한다는 의미도 있지만 저희는 그런 생각으로 하는 것은 아닙니다.

'공감성을 유지하도록 만들고 싶다' '퇴사하고 나서도 회사를 좋아하도록 만들고 싶다' 하는 생각입니다. 퇴사자에 대한 유기적 도달이 발생하고 있다고 할까요.

그렇기 때문에 인플루언서에게 광고를 의뢰한 적 없습니다.

수프스톡도쿄 대박!!

팬베이스를 실천해가는 데 주의하는 부분이 있나요?

'팬베이스'적인 발상보다도 '신규고객'을 만나보고 싶다는 이야기는 물론 나옵니다.

팬베이스는 신규고객을 중요시하지 않는다는 말이 결코 아닙니다.

어떤 시책을 펼치더라도

① 신규고객이 따라올 수 있을 것인가?

② 재방문한 고객도 신선하게 느낄 수 있는가?

이러한 생각을 늘 가지고 있습니다.

매년 이렇게 했으니, 이렇게 합시다.

이렇게 회사 형편에 맞게 이야기가 진행되는 것은 어느 회사나 마찬가지라고 생각합니다.

누군가가 문득 '애초에 이건 무엇 때문에 하는 거예요?' 하고 말할 수 있는 곳이 바로 수프스톡도쿄입니다!

믿음직 하다!

단호!

매년 동일한 시책이라 하더라도 새로운 메시지를 담고 싶습니다.

매년 만드는 콜리플라워수프에도 새로운 가치를 담고 싶습니다.

SOUP Stock TOKYO

수프도 생각도 신선하게! 한 사람 한 사람 모두!

그렇게 마음속으로 맹세했습니다.

팬의 목소리는 어떻게 살리고 있습니까?

사내에는 고객의 목소리에 귀를 기울이려는 좋은 문화가 있습니다. SNS 등에서 고객들의 목소리를 사업부장에 보고하고, 바로 회의에서 이야기하거나…

이런 의견도…

그렇군

클레임도 하나의 '의견'으로서 감사히 받아들이고 있으며, 전사에 매일 아침마다 보내 모두가 읽어보도록 하고 있습니다.

(고객으로부터…)

고객은 왕이 아니라 대등한 관계로 우리에게 공감하는 사람입니다.

고객 응대할 때도 '소중한 사람의 형제자매가 왔다고 생각하고 접객하기'가 우리 회사의 룰입니다.

소중한 사람 말이군요.

정성을 다하되 도가 지나치지 않도록 말입니다. '어서 오십시오'보다 '안녕하세요!'로 말합니다.

'적당한 거리감'이 수프스톡 도쿄답지 않나 생각합니다.

매장에 있을 때 들었던 편안함과 기분 좋은 느낌의 이유를 알게 되어

매일 가고 싶다는 생각이 더 듭니다.

241

하나쓰미 모모에
(수프스톡도쿄)
×
사토 나오유키

광고, 쿠폰이 없어도 팬이 모이는 곳

퇴사자에게도 '공감자'로서 강력한 유기적 도달이
발생하는 곳

사토 나오유키(이하 사토)

하나쓰미 씨가 사토나오오픈랩에 참가해주신 것은 2015년이
죠. 당시엔 '수프스톡도쿄(Soup Stock Tokyo)'를 운영하는 스마
일즈(2016년 분사)에서 채용을 담당하고 계셨죠. 어떤 계기로 팬
베이스에 관심을 가지게 되었습니까?

하나쓰미 모모에(이하 하나쓰미)

채용을 통해서 직원이나 아르바이트사원을 어떻게 하면 브랜
드의 코어팬이 되게 할까 생각한 것이 계기입니다. 당시엔 입사
2년 차였습니다. 매장 스태프 경험을 거쳐 본사로 이동하게 되
었고, 저 자신도 브랜드에 대한 이해가 생기는 시기이기도 했습
니다. 스마일즈에는 마케팅부가 없고, 독자적 철학으로 각 브랜
드를 운영하고 있습니다. 그러한 점이 회사의 매력이기도 하지

만, 가끔 '이러한 생각의 배경에는 어떤 것이 있을까' 하고 의문을 가진 적도 있죠.

사토 어떠한 부분에서 그런 의문을 가지게 됐나요?

하나쓰미 수프스톡도쿄는 미디어에 광고를 하지 않고, 쿠폰 같은 것으로 가격을 인하하지도 않습니다. 그만큼 서비스나 상품에 투자하고 있지만, 이러한 의도가 고객을 포함해 외부인들에게는 전혀 전해지고 있지 않다고 생각했습니다. 광고를 전제하지 않은 브랜드이기에, 우리의 생각이 사람들에게 전달되도록 여러 방법을 고안해야 한다고 생각했습니다.

채용담당이었던 저는, 그러한 '전달 방법'을 팬베이스에서 찾을 수 있지 않을까 하는 생각에, 사토나오오픈랩에 참가하게 됐습니다. 하지만 실제로 배워보니 '수프스톡도쿄는 원래부터 팬베이스를 실천하는 브랜드'였구나 하고 깨달았죠.

수프스톡도쿄의 레시피는 200종 이상 있으며, 상시 8~10종류의 수프를 격주로 매장에 준비합니다. 제철 식재를 사용한 계절 한정 수프도 많아, 계절의 변화를 매장에서도 느낄 수 있습니다. 메뉴를 격주로 바꾸는 것은 굉장히 어려운 일입니다. 하지만 매일 방문해주시는 고객들이 질려 하지 않도록 하고 싶으니, 이러한 메뉴 정책을 펼치고 있습니다.

또, 창업 당초부터, 여성 혼자라도 안심하고 들어올 수 있는 공간을 만드는 것을 매장 구성의 기본 정책으로 하고 있습니다. 그리고 신규 팬을 점점 늘리는 것도 중요하지만, 당장 지금 방문해주신 고객을 잘 대접하고 싶습니다. 이런 생각 자체가 바로 팬베이스라고 생각했습니다. 지금까지 브랜드로서 실시한 정책들도, 일종의 팬베이스를 실천하는 것이라 깨달은 적이 많습니다.

팬과 '서로 통하는' 이벤트를 개최하다

사토 그렇군요. 구체적으로 어떤 정책이 있었나요?

하나쓰미 2016년부터 매년 1월 7일에만, 어떤 말과 함께 '나나쿠사가유'를 제공합니다. 이 메뉴를 만드는 것은 이날 단 하루입니다. 매년 기대하는 고객이 많은 기획이죠. 사실은 수년 전부터 있었던 상품이지만, 2016년 전까지는 특별하지 않았습니다. 2016년 경영회의에서 '우리는 무엇을 위해 나나쿠사가유를 판매하고 있는가'에 대해 대여섯 시간 논의한 결과, 나나쿠사가유의 '본래의 취지'로 되돌아가기로 했습니다. 그래서 이 메뉴를 제공할 때는 반드시 '올해도 건강하게 보내세요'라는 인사를 매장 스태프에게 하게 했습니다.

경영회의에서 그러한 논의가 이뤄지고 있다는 자체도 흔하지 않을지도 모르죠. 처음 시작할 때, 매장 스태프들이 많이 긴장했다고 하더군요. 제가 아르바이트를 하고 있다고 생각하면, 그 긴장감도 쉽게 상상할 수 있습니다. 아무튼 전국 모든 매장에서 고객에게 마음을 담아 그런 인사를 건넸습니다. 그러자 우리의 기대 이상으로 고객으로부터 감사의 전화나 메일이 쇄도했습니다.

고객 중에는 '내 건강을 생각해주는 건 의사 선생님뿐인데, 식당이 아니라, 가족 같은 느낌이 들었다' 하는 분도 있어서 인상 깊었습니다. 또, '직원분도 건강하세요' 하고 한 고객이 인사해줬다며 감격하는 스태프도 있었죠. 고객이나 스태프에게 수프 스톡도쿄가 어떠한 존재인지 재인식할 수 있는 기회였다고 생각합니다.

또, 같은 해 2016년부터는 '카레스톡도쿄(Curry Stock Tokyo)'라는 이벤트도 실시했습니다. 매년 6월 21일 하루만 매장에서 수프는 사라지고, 카레 전문점으로 바뀌죠. 게다가 '섬씽옐로'라고 해서 '매장에 노란색 물건을 아무거나 들고 오면, 좋은 일이 생길 거예요' 하고 고객에게 공지했습니다. 고객들은 지금까지 계산기, 꽃, 손수건이나 신발 등, 다양한 물건을 가지고 매장을 방문하고 있습니다.

사토   섬씽옐로라니 재미있네요. 실시한 목적이 뭔가요?

하나쓰미   이것도 사내 회의 중 나온 제안입니다. 고객이 '나는 팬입니다'

하고 표현할 수 있는 계기를 만들어주는 것이 목적입니다. 평소엔 고객을 기쁘게 해드려야 한다는 마음 하나로, 마치 짝사랑을 하는 것 같지만, 이날만은 서로 통한다는 기분이 들죠.

하루만 여는 것으로 기획한 카레스톡도쿄 이벤트는 행사 다음 날부터, 6주간 총 12종의 카레를 제공하는 기획으로 바뀌었습니다. 모든 카레를 다 먹어본 고객도 늘었기 때문에, 2019년부터는 '패스포트'라는 제도를 도입했습니다. 카레를 주문할 때마다 스탬프를 찍고, 12개를 다 찍은 사람에게는 오리지널 노란색 손수건을 선물합니다. '괜찮으시면 내년 섬씽옐로 이벤트에 하고 와주세요!' 하는 메시지 카드도 함께 말입니다. 아는 사람만 알 수 있는 물건을 선물해서, 고객 자신이 팬이라는 사실을 즐길 수 있도록 하는 장치입니다.

2019년에 실시한 카레스톡도쿄 이벤트 이미지.

사토   이벤트 당일엔 매장 안을 카레스톡도쿄의 로고가 들어간 노란 색 테이프로 꾸미거나, 스태프가 오리지널 티셔츠를 입다니, 마치 학교 축제 같은 느낌이네요.

하나쓰미   스태프가 즐길 수 있도록 하는 것도 목적 중 하나이며, 이러한 대처 역시 브랜드로서 중요하다고 생각합니다. 말씀하신 것처럼 학교 축제 같아서, 한밤중에 크리에이티브 멤버가 전 지점의 장식과 VMD* 퀄리티를 체크하러 다니기도 합니다. 이벤트 전에는 직원과 아르바이트사원을 대상으로 신상 카레 시식회도 진행합니다. 이 시식회는 당사 퇴사자인 '가상 직원'을 대상으로도 열리고 있습니다.

사토   가상 직원이라니 흥미로울 것 같은데요. 도대체 어떤 제도인가요?

하나쓰미   정직원이나 아르바이트사원을 그만둔 사람을 대상으로 한 제도로, 2017년부터 도입하고 있습니다. '가상 사원증'이 있으면, 전 매장 10% 할인을 받아 식사를 할 수 있으며, 시식회나 사내 이벤트에도 초대하고 있습니다. 이벤트는 가족 동반도 허가

---

* Visual Merchandising, 상품 진열 등 시각적인 부분을 연출하는 것.

하고 있기에, '엄마가 수프스톡도쿄에서 일한 적 있어서 좋다'고 하는 아이도 있었습니다. 가상 직원이 되는 것은 강제가 아니며, 현재 1400명 정도가 소속되어 있습니다.

사토   음식점은 아르바이트사원이 자주 드나들 것 같은데, 퇴사한 사람을 이렇게까지 신경 쓰시다니 흔히 볼 수 있는 일은 아닌 것 같네요.

하나쓰미   저도 거의 들어본 적 없습니다. 하지만 수프스톡도쿄의 가장 팬심 강한 팬은 누굴까 생각했을 때, 현역 직원이나 아르바이트사원에 더해, 퇴사한 직원도 중요한 동료라고 생각합니다. 애써 공감으로 이어졌는데 다른 회사에 취직해서, '다른 회사 사람'이라고 선을 긋는 것은 아깝다는 생각에서 시작한 것이 가상직원 제도입니다.

사토   채용에 이용해보자는 목소리도 있을 것 같은데요?

하나쓰미   가상 직원을 대상으로 일부 매장에서 아르바이트사원을 모집하는 일도 있습니다만, 공식적으로는 어디까지나 퇴사자모임 정도입니다. 실제로 가상 직원 중에는 지금도 매장에 빈번하게 방문하는 사람이 많습니다. 학창시절 아르바이트를 하다, 취직해서 사회인이 되어도, 좋은 추억이 가득한 매장에 찾아오고 있는 거죠. 가장 강한 유기적 도달이 이뤄지는 것입니다.

제 자신이 이렇게 수프스톡도쿄를 좋아하게 된 계기도, 매장에서 일한 경험이 있기 때문입니다. 매장에 서 있으면 '이렇게까지 하는구나' 하고 생각한 적이 굉장히 많습니다. 1년에 몇 주밖에 팔 수 없는 200종의 수프 중 한 상품을 위해 이렇게 비싼 럼주를 쓰는구나 하고요(웃음). 이전엔 같은 매장에서 아르바이트를 했던 가상 직원과 메신저로 연락하면서, 때때로 '그 수프는 만들기가 엄청 어려워서 먹을 때마다 생각나(웃음)' 같은 이야기로 한바탕 수다를 떨기도 하죠. 공유할 추억이 있는 것은 기쁜 일입니다.

사토 팬들과 함께 기획을 하는 회사도 많은데, 수프스톡도쿄는 어떤가요?

하나쓰미 커뮤니티사이트나 고객과의 컬래버 상품 등을 '굳이 우리가 만들 필요가 있을까' 하는 논의가 자연스럽게 이루어진 적이 있습니다. '매출 상승만을 위한 거라면 하지 말자'는 게 중론이었습니다. 물론, 사정이 있어서 할 수 없는 이유도 많이 있습니다. 예를 들어, 공장견학이죠. 위생관리가 굉장히 엄격하게 이루어지고 있기 때문에, 직원이라고 해도 업무와 관계가 없는 사람은 공장에 들어올 수 없습니다. 홍보를 위해서 하고 싶어도, 안전을 위해 포기할 수밖에 없죠. 팬데믹의 영향이 지속되어 지금처럼 매장 방문이 어려워진다 하더라도, 어딘가에서 브랜드를 떠올려주기를 바라는 마음에서, 지금까지 없었던 프로젝트나 온라인기획 등을 실시해가고 싶습니다.

고객은 왕이 아니라 '공감자'

사토　다른 이야기이지만, 팬데믹은 많은 음식점에 타격을 주었죠. 수프스톡도쿄에는 어떤 영향이 있었나요?

하나쓰미　수프스톡도쿄 매장은 역 안이나 주변에 많기 때문에, 긴급사태선언이 내려진 약 한 달 동안은 전 매장이 휴업을 했습니다. 전자상거래사이트는 호조였지만, 고객과 직접 이야기를 나눌 수 있는 자리가 사라져버린 거죠. 그래서 시작한 것이 블로그 서비스입니다. 그런데 내부관계자들의 솔직한 마음을 적어 올렸더니 몇몇 팬분들이 격려의 메시지를 보내주셨습니다.

그 메시지를 보고 있으면, 고객분들의 마음이 우리 직원이나 아르바이트사원에게도 전해지는 것 같았습니다. 수프스톡도쿄가 실현시키고 싶어 했던 것이 고객분들에게도 전해지고 있다고 실감했죠.

사토　그렇군요. 반대로 팬베이스를 실천하면서 벽에 부딪혔던 적도 있나요?

하나쓰미   회사 방침이 원래 팬베이스적이었기 때문에, 그다지 어려움은 없었습니다. 하지만 작은 실패는 몇 번인가 있었습니다. 가상 직원 시식회 참가는 당초, 퇴사한 직원 본인만을 대상으로 하고 있었는데, 이것이 평이 좋지 않았습니다. 그래서 바로 가족이나 동반자도 대상으로 하게 되었습니다.

이것 말고도 직원을 팬으로 변화시키려는 노력을 계속하고 있는데, 아르바이트사원 출신인 에자와 부사장이 2018년 4월부터 '일하는 방식 개척'을 콘셉트로 새로운 인사제도 두 가지를 도입했습니다. 급여는 그대로 유지하고, 연간휴일휴가 수를 늘리는 '생활가치확충휴가', 업무복귀를 적극적으로 지원하는 '피벗워크제도'입니다. 직원의 업무방식 다양성을 지키고, 좀 더 일하기 쉬운 회사, 일하는 보람이 있는 회사를 만들기 위한 대처입니다만, 이러한 제도를 활용하는 데는 매일 조그마한 벽을 넘는 느낌이었습니다.

사토   회사가 노력하면 할수록, 당연하게 생각하는 사람도 있을 것 같은데요.

하나쓰미   반대로 회사가 직원들을 지원하기 위한 제도를 만드는 데 있어서, 제도를 이용하는 자체가 목적이 되시 않도록 신경 쓰고 있습니다. 일하는 방법에 대한 여러 가지 요구가 있는 가운데, 이러한 면에서도 직원이 회사의 팬이 되어주는 것도 기업 입장에서는 중요하다고 생각합니다.

사토   하나쓰미 씨 본인이 평소에 의식하며 실천하고 있는 것은 있나요?

하나쓰미   팬베이스를 좀 더 의식한 시점은 2017년 8월에 광고홍보를 맡았을 때입니다. 누굴 위하고, 무엇을 위한 일인지 논의하는 것을 중요하게 생각하게 되었습니다. 논의할 때에는 팬베이스적 발상도 의식하고 있습니다.

어떻게든 피하고 싶은 것은 타성에 젖는 것입니다. 예를 들어, 이벤트에서 사용하는 판촉물은 원칙적으로 작년과 동일한 것은 사용하지 않도록 하고 있습니다. 매년 새로 만드는 것은 품이 드는 일이지만, 똑같은 것을 받는다면 고객은 분명 실망할 것입니다. 그래서 '올해의 맛을 즐겨보세요' '언제나 변함없는 콜리플라워수프입니다'처럼 매번 새로 판촉물에 새길 메시지나, 그것을 건네는 의미를 생각하고 있습니다.

또, 저는 수프스톡도쿄가 운영하는 SNS의 '관계자'이기도 하기에, 팬의 의견을 매일 아침 체크하고 관련한 사람들에게 보고하고 있습니다. 재판매 요청 등이 있을 때에는, 회의 중에 그 투고를 사업담당자에게 바로 보여줍니다(웃음). SNS도 매장과 마찬가지입니다. 언제나 리트윗을 해주는 사람이 이번엔 하지 않는다면, 그 이유를 찾습니다.

사토 팬의 의견에 휘둘렸던 적은 없나요?

하나쓰미 의견이 없으면 휘둘리기 쉽죠. 우리는 고객이 왕이 아니라, 함께 즐기는 '공감자'라고 생각하고 있습니다. 불가능할 때는 불가능한 이유, 예를 들어 재료가 없으니 만들 수 없다고, 확실히 설명하면 전달될 것이라고 믿습니다.

매장에 고객응대 매뉴얼은 없지만, 도야마 회장은 '소중한 사람의 형제자매가 왔다고 생각하고 응대하라'라고 계속 말해왔습니다. '소중한 사람의 형제자매가 방문한다면, 깨끗하게 방을 치우고, 꽃병이라도 두어 방을 꾸미고, 무엇을 좋아할지 모르니 다양한 종류의 수프를 준비해서, 언제든 먹을 수 있도록 따뜻하게 데워놓고, 기다릴 게 아니냐'라고요. 소중한 사람의 형제자매이니까, 매장을 방문했을 때에는 '어서 오십시오'가 아니라 '안녕하세요' 하고 말을 건네라고 했습니다. 또, 판촉물에 넣는 글귀는, 극존대하지 않고 적당한 거리감이 느껴지도록 쓰고 있습니다.

사토 '소중한 사람의 형제자매'라는 게 절묘하네요. 너무 정중하면, 반대로 정다운 맛이 없기 마련이죠. 고객과의 적당한 거리감을 유지할 수 있는 마법의 단어인 것 같습니다.

사랑받는 브랜드에서 배우는 팬베이스

3

사토야마주조 편

재방문율 대폭 증가! 니가타 우오누마에 있는 더할 나위 없는 숙소

이와사 도루

자유인

지역 활성화가 일본을 풍족하게 만든다.

니가타현 미나미우오누마시에 있는 숙박시설 '사토야마주조'. '일본의 식(食)'을 테마로 한 라이프스타일 제안형 숙소라니 멋집니다….

인기가 너무 많아 예약하기가 힘들다고…

이와사 오너 분의 이야기를 들으러 왔습니다.

잘 부탁 드립니다.

이와사 도루(53세)

현 편집자이자 크리에이티브 디렉터 취미 스노보드, 등산, 지방이나 해외 레스토랑 다니기

원래는 편집프로덕션에서 《도쿄워커》를 편집하셨네요?

그렇습니다. 판매부수도 절정기였던 때였죠.

왠지 모르게 언제부턴가 잡지를 보고 찾아온 사람들의 행렬이 딱 그치고 말았습니다.

옛날에는 잡지에 실리면 자주 사람들이 줄을 섰죠…

'우리가 쓴 기사로 가게 앞에 사람들이 줄을 선다!' 편집프로덕션은 그것으로 만족감을 느꼈는데, 일하는 보람이 사라진 겁니다….

사람의 사고가 잡지가 아니라 '입소문'으로 바뀌고 있다는 조짐을 느꼈죠.

그렇군요…

2000년 《자유인》 창간

자유인

아, 천국이다.

온천탕에서

잡지의
신용도 같은 것을
우리 스스로 추구하고
싶어서 창간했습니다.

그 뒤
식품 판매를
시작하셨군요.

계기가
어떻게
되나요?

잡지는 제공한 정보에 만족했는지
실제 반응을 알 수 없지만,
식품은 제공하면 반드시 먹고 나서
맛이 있는지 없는지
그 반응을 알 수 있습니다.

고객의
만족한 모습을
보고 싶다.

2000년 《자유인》 창간
↓
2002년 식품 판매 개시
↓
2004년 쌀을 만들기 위해
니가타현으로
이주

만족♡

별론데

하지만 2011년.
동일본대지진 직후엔
우오누마의 쌀도
정확하지 않은
소문으로 팔리지
않게 되어버렸습니다.

4억 원에
상당하는
쌀을 폐기
했습니다.

히익 —

그때 판매하고
있던 식품을
사용한 음식점을
내고 싶다고
생각했습니다.

실제
준비하던 중에
지역 온천여관
중 한 곳이
폐업을 했다고
들었죠.

숙소 한 곳이 지역의 중심 허브가 될 수 있지 않을까.

도시에 사는 사람

집객

숙소

고용 | 기획

지역 주민

지방의 잠재적 관광자원

고향에 대한 자신감 새로운 산업 창조

할 거라면 '음식과 지역'을 잇는 숙소를 제대로 해보자!

2014년 '사토야마 주조'를 오픈합니다.

…하지만 오픈하고 나서 3개월 동안, 객실 가동률은 42~51% 였습니다.

가동률이 70%가 아니면 여관에 재투자를 할 수 없고, 종업원이 있다면 가동률이 80%여야 합니다.

큰일 이네요!!

고민한 끝에

어려운 상황을 적은 편지를 지금까지 방문해주셨던 고객에게 보냈습니다.

…그건 팬에게 도움을 청했다는 말인가요?

빚이 많아 심각한 상태였기에, 필사적이었습니다. 일단 한번 들러주세요! 하고요.

그 편지를 읽고 실제로 방문해준 분의 반응은 어땠나요?

258

온천여관에 웬만하면 있는 회나 자완무시 (달걀찜), 전골… 같은 요리는 전혀 나오지 않았지만

니가타의 식재료를 중심으로 한 코스요리를 기쁘게 드셨습니다.

맛있 겠다~

여관 분위기가 독특해서 멋있네요!

같이 말씀해 주기도 했습니다.

전체적으로는 오래된 민가이지만 객실은 현대적입니다.

가구는 덴마크제

생활공간으로서의 편안함을 제공했습니다.

이렇게 저렇게 하는 동안에 한번 묵은 적 있는 고객이

인스타그램 등으로 주변 사람들에게 추천해주셨으며 팬이 팬을 데려와주었습니다.

《자유인》의 독자 등 예전부터 팬이었던 분들입니다.

사토야마주조 진짜 좋아요!!

공감

사토야마 주조 가동률 92%

디지털 공감 연쇄반응

내가 고객에게 보내는 아날로그 편지

이건 가야 해!!

편지를 읽어주신 고객들

갑자기 초대박!!

아날로그인 편지가 디지털 공감의 파도를 만들어낸 2014년이었습니다.

흠…

'독자나 고객을 배신하지 않는다'
'모두에게 최선을 다하고, 책임감을 가진다'

10년 동안 신조를 지켜온 결과가 새로운 도전까지
지지해주는 결과로 이어졌다고 생각합니다.

그리고…
오오!

주간 다이아몬드

2016년
10월 15일호
《주간 다이아
몬드》에서
'일본의 리조트'
전국 3위에!

1위는
호시노야
가루이자와!

2위
니키 구락부에
이어서!!

굉장
하네요!

팬분들이
투표해주시지
않았을까
합니다.

봄여름엔
가동률이 좋지만,
겨울이나 장마
시에는 가동률이
떨어집니다.

방긋
방긋~

허수아비가 나올 정도로 폭설!

그래서 겨울에는
스노슈즈를 신고
설원을 산책하고,

5월, 6월에는
산나물이
아직 남아 있다는
사실을 소개하죠.

매년 약점을
재정비해서
홍보하는 정책을
계속 펼치고
있습니다.

눈이 엄청
예뻐요!!
(SNS 확산)

이와사 도루
(자유인)

×

사토 나오유키

지역활성화는 단기간으론 불가능

지역민의 '지역 사랑'을 불러 일으켜
자부심을 가지고 말할 수 있는 토양을 만들어라

사토 나오유키(이하 사토)

이와사 씨는 '사토야마주조'(니가타현 미나미우오누마시)나 북호텔 '하코네혼바코'(가나가와현 하코네초) 등을 프로듀스 및 운영, 잡지 《자유인》의 편집장 등, 다채로운 활동을 하고 계십니다. 지금은 니가타현 미나미우오누마시에 계시는군요.

이와사 도루(이하 이와사)

2004년에 이주했습니다. 원래는 편집 프로덕션으로서 대형 출판사 정보지를 편집하고 있었습니다만, 부수를 늘리기보다도 스스로 독자로부터 신뢰를 추구하고 싶어, 2000년에 《자유인》을 창간했습니다.

그리고 2년 후에 무첨가, 오가닉식재를 취급하는 통신판매사이트 '오가닉익스프레스'를 만들어, 식품사업을 시작했습니다. 이를 계기로 회사의 거점을 미나미우오누마시로 옮겼습니다.

우리가 사업의 핵심으로 여기는 것은 '식(食)'입니다. 목표로 하는 것은 스페인의 산세바스티안처럼 식을 기점으로 한 지역 활성화입니다. 산세바스티안은 인구당 세계 최고로 많이 미슐랭 가이드의 별을 받은 미식의 도시입니다만, 부유층을 상대로 하는 고급 레스토랑은 극히 일부만 있습니다. 여행자는 모두 거리의 바에 갑니다. 그 바는 값이 저렴한 데다, 요리의 수준도 꽤 높습니다.

덕분에 사토야마주조는 '미슐랭가이드 니가타 2020'에서 별 하나를 획득했습니다. 앞으로 주변 지역에 별을 획득한 레스토랑을 늘려가는 동시에, 전체 음식점의 수준을 끌어올리는 산세바스티안 전략을 도입하여 니가타를 음식으로 활성화되도록 만들고 싶습니다.

사토   음식으로 지역 활성화를 목표로 했을 때, 레스토랑을 창업한다는 선택지도 있었을 것 같은데요. 왜 숙소를 만들었습니까?

이와사   관광으로 수입을 얻는 것이 앞으로 지역에 굉장히 중요하다고 생각했기 때문입니다. 주민 한 사람당 연간소비액은 1,250만 원이라고 합니다. 인구가 줄면 이 소비액도 줄어들겠죠. 미나미우오누마시는 매년 약 600~700명의 인구가 계속 줄고 있기 때문에, 약 70억 원 이상 소비액이 매년 이 지역에서 사라지는 것입니다. 감소하는 만큼 보충하기 위해서는 관광객을 늘리는 일이 중요하고, 지역 팬이 되도록 하여, 관광객을 불러오기 위한 거점이 되는 숙소가 필요하다고 저는 생각했습니다.

사토야마주조가 목표하는 것은 지역주민과 도시에 사는 사람, 지방의 잠재적인 관광자원을 연결하는 것입니다. 그 중요한 관광자원이 음식입니다. 사토야마주조는 가지를 비롯한 채소나 산나물을 사용한 요리를 제공하고 있는데, 이것은 지역주민이 봤을 땐 극히 평범한 요리일지도 모릅니다. 하지만 우리가 기획하고, 가치를 더하면서 미슐랭가이드의 별을 받을 수 있게 되었고, 지역민도 자부심을 가질 수 있게 되었습니다.

한편 도시에 사는 사람에게는, 지역 음식을 체험하는 것이 감동적일 것입니다. 음식을 통해서 이 지역이 좋은 곳이라고 생각하게 하면, 자동적으로 교류나 이주가 촉진될 것이라 생각합니다.

지은 지 50년 이상 된 오래된 민가를 전체 리모델링한 사토야마주조

역경 속에서 쓴 편지가 팬을 움직이다

사토　사토야마주조는 2014년 5월에 오픈했고, 불과 3개월 만에 객실가동률 90%를 달성했습니다. 일반적인 온천여관이나 호텔 객실가동률과 비교하면 경이적인 실적이라고 생각합니다.

이와사　일반적으로는 객실가동률 60%가 한계치라고 합니다만, 재투자를 생각하면 70%는 달성해야 운영할 수 있는 엄혹한 세계입니다. 사토야마주조는 광고도 여행대리점에서 판매도 실시하고 있지 않지만, 덕분에 2015년부터 객실가동률은 90%를 넘겼습니다.

사토　애초에 사토야마주조는 경영난으로 폐업한 온천여관을 인수해 개업했기 때문에, 입지적으로 유리하다고 할 수 없는 장소죠. 광고도 없이 어떻게 숙박객을 불러들였나요?

이와사　《자유인》의 독자나 오가닉익스프레스 고객이 SNS에서 '사토야마주조가 재미있는 거 같다' 하고 말해준 것이 처음 계기였습니다. 개업하고 수개월은 실적이 저조했기 때문에, '자유인을 도와주고 싶다' 하고 생각한 사람도 많은 듯했으며, 일종의 입소문을 타기 시작했습니다. 그 사람들이 여름방학 시점에서 한번에 방문해준 덕분에, 2014년 8월의 가동률은 92%까지 달성했습니다.

사토   개업하고 얼마 후, 이와사 씨가 보낸 긴 손편지는 지금도 잊을 수 없어요. 편지지 5장 정도였죠. 경영에 이렇게 고생하고 있고, 이만큼의 빚을 떠안고 있다는 사실이, 적나라하게 적혀 있었습니다. 그것을 읽고 저는 '반드시 가야 해' 하고 생각했습니다. 그 정도 강렬한 체험으로, 저는 주위 친구나 지인에게도 이야기했습니다.

이와사   항상 감사드립니다. 2014년 5월에 개업하고 7월까지는 고객도 별로 없고, 꽤 힘든 상황이었습니다. 그런 이야기들을 꾸밈없이 솔직하게 적어, 친하게 지내던 모든 분들에게 보냈습니다.

사토   저는 이른바 '여관요리'는 나오지 않는 콘셉트도 마음에 들더라고요.

이와사   '이러한 음식을 숙소에서 먹고 싶었어요' 하는 요청을 많이 받았습니다. 당초엔 메인으로 돈가스를 내고, 그 뒤론 전부 산채 요리였습니다. '이렇게 풀을 먹은 적은 처음이에요' 하는 이야기도 들었습니다(웃음). 콘셉트도 포함해서 팬분들에게 지지받았고, 지금도 계속되고 있습니다. 북호텔 하코네혼바코도 동일한 콘셉트로 공감을 얻고 있습니다. 2020년 7월에 나가노현 마쓰모토시에서 사전 오픈한 '마쓰모토주조' '마쓰모토혼바코'도,

사토야마주조나 하코네혼바코의 팬이 오픈 전부터 예약해주고 있습니다.

사토 사토야마주조는 재방문 고객이 많죠?

이와사 그렇습니다. 팬이 되어준 사람이 친구에게 추천해주거나 하는 패턴도 굉장히 많습니다. 팬데믹으로 경영이 힘들어져, 2020년 5월에는 사토 나오유키 씨가 일개 팬으로서 크라우드펀딩을 시작해주셨죠. 그 결과, 약 500명이 지지해주었고, 못해도 7억 원 정도의 지원금이 모였습니다. 새삼 '어떻게 이렇게 지지를 받을 수 있는 걸까' 하고 생각하면, 역시 성실하게 하나하나 해 나가는 것이 중요한 것 같아요.

지역이 활성화되지 않으면 살아남을 수 없다

사토 이와사 씨는 지역 활성화에도 적극적이시네요.

이와사 사토야마주조를 시작하기 전인 2020년부터, 니가타에서 관심을 가지고 있었던 것이 '설국A급구르메'라는 활동입니다. 지역 유지와 함께 음식점이나 여관요리, 가공식품 등, 지역에서 영구히 지키고 싶은 맛을 '설국A급구르메'로서 인정하는 겁니다.

이 활동 목적은, 관광, 농업, 가공을 연계해, 부가가치를 더하는 것입니다. 민간기업인 우리가 이런 일을 하는 이유는, 담당하는 정부부처가 각각 다르기 때문입니다. 관광은 국토교통성, 농업은 농림수산성, 가공은 경제산업성의 소관이기 때문에, 현청이나 시청도 세 부서로 나뉘어 움직이고 있습니다. 그렇기 때문에 연계가 제대로 되지 않고, 지역 활성화가 이뤄지지 않는 것 같다고 생각될 때가 있었습니다. 이 세 부처를 연계하기 위해 '설국A급구르메'를 시작했으며, 현재는 지자체 10곳이 참가하고 있습니다.

이 활동은 우리들에게 굉장히 중요합니다. 숙소 한 곳 운영하면서 미슐랭에서 별을 받고 노력한들, 지역 전체에서 식체험이 활성화되지 않으면, 결국엔 살아남을 수 없기 때문입니다. '설국A급구르메' 활동뿐만 아니라, '동해미식' 프로젝트 등을 통해 지역 전체를 브랜딩한 덕분에, 미슐랭가이드 니가타 2020에도 활동을 함께 하는 매장이 많이 게재되었습니다.

사토 음식을 통해, 지역의 팬이 되도록 하는 게 목적이군요.

이와사 말씀대로입니다. 브랜드 종합 연구소가 매년 발표하고 있는 '음식이 맛있는 전국 랭킹'에서, 지금까지 상위에 니가타현이 들어간 적이 없습니다. 그러다 2017년도판엔 9위, 18년도판엔 4위에 니가타현이 랭크되었습니다. 또, '지자체랭킹'에는 2017년에 우오누마시가 갑자기 13위에 랭크되었고, 2018년에는 11위가 되었습니다. 이와 같은 결과에는 우리 《자유인》이나 '설국A급구르메'의 활동이 적지 않은 영향을 끼쳤다고 생각합니다.

사토 지역 활성화에 대한 이와사 씨의 접근법은 지역민이 자부심을 가지고, 스스로 지역의 팬이 되는 것부터 시작하는군요. 지역민이 지역을 사랑하지 않으면 관광객도 지역에 대한 매력을 느끼지 못하기 때문이죠.

이와사 지역민이 자부심을 가지지 않으면 아무것도 시작할 수 없습니다. 그래서 먼저 지역민이 지역의 음식이나 환경, 역사부터 문화까지 잘 이해하고, 지역을 좋아하는 것이 중요하다고 생각합니다.

사토 이와사 씨는 프로로서 지역의 매력을 통찰하고 있다고 생각하는데, 지역민에게는 생소한 이야기일 수도 있겠네요. 그 간극을 어떻게 메워갈 생각인가요?

이와사 외부 강사를 초청해서, 지역민에게 자신이 살고 있는 지역의 좋은 점을 재발견할 수 있도록 종종 강연회를 열고 있습니다. '지역에서는 일반적일지 몰라도, 이 가지는 굉장히 귀한 품종이다' '설국의 문화는 훌륭하다'와 같은 내용으로요. 미나미우오누마시 인구는 5만 명으로, 강연회에는 약 100명 정도가 참석합니다. 지역을 활성화하고 싶어 하는 열정 가득한 100명이 모여, 지역을 위해 뭔가 해보겠다는 결의를 다집니다. 이런 흐름을 만드는 데 10년이 걸렸습니다.

사토 맞습니다. 중요한 것은 중장기적 안목입니다. 가끔 지역 활성화를 노려 시찰을 오는 사람들은, 2~3년 안에 결과를 내려고 합니다만, 우선 무리일 수밖에 없습니다.

이와사 10년에 걸쳐, 겨우 토대가 만들어졌습니다. 2~3년 안엔 절대로 어렵습니다. 단기간에 가능한 일이었다면 아무도 고생하지 않았겠죠.
사토야마주조가 오픈 후 조기에 객실가동률을 늘릴 수 있었던 배경에는, 분명 SNS 효과도 있었습니다. 하지만 잡지, 식품사업으로 10년 이상 신뢰를 쌓았기 때문이라 생각합니다.

사토 SNS에서 화제가 되기는 쉽지만, 그것은 본질이 아니죠. 화제만되려 했으면 성공했더라도 한순간 끝나버릴 가능성이 있습니다. 장기간에 걸쳐 이념이나 서비스의 팬을 늘려온 것과 지역민을 자신이 살고 있는 지역의 팬이 되도록 한 것. 이 두 가지가사토야마주조의 성공에 굉장히 큰 영향을 끼친 것 같습니다.

이와사 지역재생이라고 해도, 이주자나 젊은 세대가 추구하는 시설을 만드는 것은 본말이 전도된 것이죠. 시설이 만들어져도, 그것이 오래되면 사람은 떠나버립니다. 지역민이 자신들이 사는 지역을 얼마나 사랑하는지, 얼마나 자부심을 가지고 이야기할 수 있는지가 중요합니다. 그것이 토양이 된다면, 분명 한번 도시로 나간 사람이 고향으로 되돌아오려고 하고, 관광객이나 이주자를 지역으로 불러들이는 일로 이어질 것입니다.

사토 차후 계획에 대해 묻고 싶습니다. 최근에 나가노현 마쓰모토시에 새로운 북호텔, 마쓰모토혼바코를 오픈하셨는데, 앞으로 어떻게 사업을 진행할 생각이세요?

이와사 마쓰모토의 아사마온천 전체 구역 리모델링 프로젝트 '마쓰모토주조'로서, 개업한 마쓰모토혼바코를 포함해 두 개의 호텔, 두 개의 카페, 베이커리, 상점, 하드 사이다 양조장 등 핵심시설을 2021년 봄에 순차적으로 개업할 예정입니다.

아사마온천은 1300년이 넘은 유서 깊은 온천입니다. 곡옥이나 왕관이 출토된 고분도 있으며, 무로마치시대*에는 정치 중심지가 된 역사도 있습니다. 역사적으로만 봐도 1300년 이상 번성

---

* 1336~1573년.

했던 곳이고, 활기가 사라진 기간은 고작 최근 30년 정도였습니다. 게다가 아사마온천 주변 사람들은 굉장히 높은 자부심을 가지고 있으며, '아사마온천은 굉장하다'며 입을 모아 이야기합니다. 그래서 계기만 생긴다면 바로 활기를 되찾지 않을까 저는 생각합니다.

사토   이와사 씨 이야기를 듣고 있으니, 지금 바로 가고 싶어졌습니다(웃음). 지역민이 자부심을 가지고 있는 사실은 굉장히 강력한 힘을 만들어냅니다. 이와사 씨의 사례는 팬베이스란 결코 단기적 안목이 아닌 중장기로 신뢰관계를 쌓아야 가능하다는 것을 재확인할 수 있었습니다. 오늘 정말 감사합니다.

그렇지만, 팬은 각자 다르다

주식회사 팬베이스컴퍼니 팬베이스 디렉터, 사토 나오유키

팬베이스를 실천하고 효과를 올리고 있는 분들이 협력해주셔서, 팬베이스의 사례를 자세히 알려드릴 수 있었습니다. 마지막으로 조금 김새는 이야기를 하겠습니다.

그것은 이 사례들은 반드시 여러분의 회사나 브랜드에 도움이 된다고 장담할 수 없다는 사실입니다.

물론 팬베이스 사례를 통해 배운 지식은, 팬베이스를 이해하고, 관련 정책을 생각하는 데 굉장히 도움이 되었을 것이며, 생각도 어느 정도 정리됐을 겁니다. 그렇지 않으면 책을 만든 의미가 없습니다.

단 이 책에서 소개한 정책들을 표면적으로 따라하거나, 비슷한 것을 실천해본다고 해도, 아마 여러분 회사나 브랜드 팬에게는 별다른 울림이 없을 것입니다. 울림이 없다면 분명 효과도 없겠죠. 아니, 오히려 더 해를 끼칠 확률이 높을지도 모릅니다.

이유는 하나입니다.

팬은 각 회사마다 다르기 때문입니다.

당신의 회사나 브랜드의 팬과 다른 회사의 팬은 성격도 취향도 전혀 다릅니다.

유명 국산자동차회사를 예로 들어 보겠습니다.

차에 그다지 관심이 없는 사람에게는 어떤 차도 기본적으로 모양이 똑같이 보이며, 회사마다 차이를 잘 눈치채지 못합니다. 팬층이 다르다는 사실 또한 상상도 못하죠.

하지만 차에 대해 관심이 많은 사람은 다릅니다.

도요타팬도 현대팬도 기아팬도 쉐보레팬도, 각각 취향이 다르고, 차로부터 추구하는 것도 다릅니다. 예를 들어 동일한 경차라도, 각 회사마다 팬은 다릅니다. 팬의 성향도, 만족하는•포인트도 각각 다르죠.

결국, 현대의 팬베이스 성공 예시가 벤츠나 아우디에서는 통용될 것이라고 확언할 수 없다는 말입니다. 팬 성향도 취향도 다르기 때문에, 오히려 동일한 방책은 통용되지 않을 확률이 높다고 생각하는 게 좋을 것입니다.

좀 더 일반화해서 말하면, 예를 들어 A사의 팬은 '이 브랜드의 인간미 넘치는 면'을 좋아하고, B사의 팬은 '이 브랜드의 이지적이고 쿨한 매력'을 좋아한다고 해보죠.

그렇게 하면 당연하지만 팬베이스 정책도 각각 달라야 합니다. 설령 B사의 사례가 성공했다 하더라도, 그 이지적이고 쿨한 매력이 돋보이는 정책을 인간미 넘치는 면을 좋아하는 A사의 팬에게 어필한다 한들, 전혀 효과가 없을 것입니다. 그건 둘째 치고 팬이 좋아하지 않는 일을 한 만큼, 팬의 뜨거운 팬심이 식어버릴 수도 있습니다.

요약하면, 선행사례가 참고는 될 수 있지만, 당신의 회사나 브랜드 팬을 잘 알지 못한 채 실천하면, 크게 잘못될 가능성이 높다는 말이죠.

스티브잡스는 이렇게 말했습니다.

'아름다운 여성에게 구애할 때, 라이벌이 장미 10송이를 줬다면, 당신은 15송이를 줄 것인가? 그렇게 생각한 시점에서 이미 당신은 졌다. 라이벌이 무엇을 하든 관계없다. 그 여성이 정말로 무엇을 원하는지를 확인하는 것이 중요하다.'

그렇습니다. 팬베이스에 있어서 가장 중요한 것은 '당신의 회사나 브랜드의 팬이 무엇을 바라고 있는가'를 꼼꼼하게 확인하는 일이죠.

그러기 위해서는 아무튼 당신의 회사나 브랜드, 상품의 팬을 만나는 것이 중요합니다. 수고를 덜기 위해 설문조사 등으로 끝내버리면 좋을 것 하나 없습니다. 온라인이라도 좋으니 확실히 만나도록 하세요. 가능한 한 팬미팅 같은 걸로 팬들끼리 만날 수 있는 자리를 마련하세요. 팬들끼리 소통하는 과정에서 나오는 이야기들을 경청하길 바랍니다.

그것이 모든 것의 시작입니다.

반대로 자사의 팬에 대해 정확히 모르고 선행사례를 따라한다면, 분명 그 정책은 실패로 끝날 것입니다.

부디 명심하길 바랍니다.

신규고객을 확보한다는 마케팅의 길고 긴 역사를 생각하면, 팬을 중요하게 여기는 팬베이스라는 개념은 오래전부터 있었습니다. 하지만 아직도 새로우며, 앞으로도 이어져나갈 것입니다.

단, 점차 시장이 축소될 것이고, 경제적으로 꽤 혹독한 상황을 맞이할

우리에게 있어서, 팬을 늘려간다는 팬베이스라는 개념은 확실히 세상을 따뜻한 곳으로 만들어줄 것이라고 믿습니다.

여러분의 회사나 브랜드를 사랑해주는 팬을 소중히 하는 일만큼, 즐거운 일은 없을 것입니다..

행복을 전하는 팬베이스.

부디, 함께 실천해서, 세상을 즐겁고도 따뜻한 곳으로 만들었으면 합니다. 팬베이스를 위해 도움이 되고 싶으니, 마음 편하게 문의주세요.

→satonao@fanbasecompany.com

그럼, 앞으로도 잘 부탁드립니다.

2020년 11월,

좋은 날에

옮긴이 복창교

부산대학교 일어일문학과와 일본 리쓰메이칸대학에서 공부했다. 출판사에서 출판에디터로 일했고, 지금은 번역 및 편집 프리랜서로 활동하고 있다. 옮긴 책으로는 《살인마 잭의 고백》《청소시작》《진짜 대화가 되는 영어》《사료만 먹여도 괜찮을까? 반려견 편》《사료만 먹여도 괜찮을까? 반려묘 편》 등이 있다.

HOW TO
팬베이스 팬을 얻는 실천법

초판 1쇄 인쇄 2021년 10월 21일
초판 1쇄 발행 2021년 10월 28일

글 사토 나오유키, 쓰다 마사야스
그림 오구라 나오미
옮긴이 복창교
펴낸이 구난영

경영총괄 이총석
디자인 데시그 이하나

펴낸곳 도슨트
주소 경기도 파주시 산남로 183-25
전화 070-4797-9111
팩스 0504-198-7308
이메일 docent2016@naver.com

ISBN 979-11-88166-33-6 03320